Urban Gardening: Gemüse anbauen auf kleinstem Raum

Urban Gardening: Gemüse anbauen auf kleinstem Raum

Lia Leendertz

Fotografiert von **Mark Diacono**

Aus dem Englischen
von Dietmar Schmitz

KNESEBECK

Titel der Originalausgabe: *My Tiny Veg Plot*
Erschienen bei Pavilion, London, Großbritannien 2015
Copyright © 2015 Pavilion Books Company Ltd. 2015, London,
Großbritannien
Text copyright © 2015 Lia Leendertz

Deutsche Erstausgabe
Copyright © 2016 von dem Knesebeck GmbH & Co. Verlag KG, München
Ein Unternehmen der La Martinière Groupe

Covergestaltung: Gudrun Bürgin, München
Produktion und Herstellung: VerlagsService Dietmar Schmitz GmbH,
Heimstetten
Druck: 1010 Printing International
Printed in China

ISBN 978-3-86873-853-7

www.knesebeck-verlag.de

Inhalt

Einführung

Sie haben wirklich nicht genug Platz, um selbst Gemüse und Früchte anzubauen? Denken Sie noch einmal darüber nach. Dieses Buch stellt Minigärten vor, die an den unglaublichsten Stellen wie z.B. Treppen, Balkonen, auf Booten oder Dachterrassen ihre kleine Nische gefunden haben, in einem Fall sogar in einem alten Schwimmbecken. Wo andere vor dem Platzmangel kapitulieren würden, haben entschlossene und findige Gärtner etwas Besonderes geschaffen. Sie beweisen, dass klein nicht nur fein ist, sondern auch erstaunlich reiche Ernten abwirft.

Viele Gärtner sehnen sich ihr Leben lang nach zusätzlicher Fläche, um noch mehr Pflanzen oder Sorten anzubauen. Minigärten müssen aber nicht die armen Verwandten des Großbeets oder das Sprungbrett zum eigenen Feld sein. Minigärten haben eine Menge Vorteile: Sie sind leicht zu pflegen und finden auch in einem hektischen Alltag ihren Platz. Große Flächen oder Schrebergärten dagegen können einem irgendwann buchstäblich über den Kopf wachsen. Minigärten liegen meist in greifbarer Reichweite; Schädlinge oder Krankheiten erkennt und behandelt man daher rascher, und die Ernte findet auf dem Höhepunkt der Reife statt. Weder wachsen Schnittbohnen aus, noch fressen Schnecken Ihre Pflanzen bis auf den Strunk ab, denn Sie haben Ihren Garten immer im Blick. Unter dem Aspekt der Vielseitigkeit können selbst kleine Anbauflächen gegenüber sehr viel größeren punkten: Die würzigsten Gewächse benötigen kaum Platz – denken Sie an Kräuter, Chilischoten oder Knoblauch.

Links: Köstliches kann auf kleinstem Raum hervorragend wachsen.

Rechts: Selbst Angebautes schmeckt nicht nur, es sieht auch schön aus.

Es müssen nicht nur Kräuter sein. Auch viele Gemüsesorten und schöne Zwergobstbäume lassen sich bei genügend Pflege gut in Behältern ziehen, und sie werden sich für die intensive Aufmerksamkeit dankbar zeigen, die nicht von den Anforderungen eines großen Gartens geschmälert wird. Hier gedeiht viel, in bester Qualität, auf kleinem Raum und mit minimalem Aufwand.

Das funktioniert dann, wenn man den Nutzgarten seiner persönlichen Situation anpasst und bei der Planung die Grenzen der eigenen räumlichen Möglichkeiten im Auge behält. Dieses Buch präsentiert ein breites Spektrum kleinster Gärten, die bei der Ideenfindung helfen können. Im ersten Kapitel lernen wir das Gärtnern in luftigen Höhen kennen, Platz sparend in Balkonecken untergebracht oder am Rande von Dächern balancierend. Wer sich solchen Herausforderungen stellt, wird reich belohnt. Mag der Wind hier oben die Pflanzen auch austrocknen oder sie heftig zerzausen, der Lichteinfall und die tolle Aussicht machen die Anstrengungen wieder wett, und die meisten dieser Gärtner sind glückliche und zufriedene Menschen. Das zweite Kapitel ist dem Gärtnern in der Stadt gewidmet; alle Gärten in ihm richten sich nach den architektonischen Gegebenheiten: Töpfe finden auf Treppenstufen ihren Platz, eine überdachte Veranda schafft Privatsphäre, und ein Pflanzkübel dient gleichzeitig als Fahrradständer. Im dritten Kapitel tragen Minigärten zum Wohl des großen Ganzen bei, schaffen Gemeinsamkeit, experimentieren mit umweltfreundlichen Anbaumethoden und bringen Fruchtbarkeit in Länder mit armen Böden. Kapitel vier behandelt jene mobilen Gärten auf Ladeflächen oder an Wohnanhängern, die das Beste aus der Fähigkeit der Pflanzen herausholen, überall zu wachsen, wo sie Nahrung und Licht finden. Das fünfte Kapitel stellt die Winzlinge unter den Gärten vor und straft jene Pessimisten Lügen, die behaupten, der Platz reiche nicht. Es gibt immer eine Möglichkeit, Früchte anzubauen – dieses Kapitel zeigt Ihnen, wie. Im sechsten Kapitel lernen wir von Profis, wie man aromatische Pflanzen anbaut, und im siebten werfen wir einen Blick auf Minigärten, die an den denkbar ungewöhnlichsten Orten entstanden sind: nahe am oder auf dem Wasser, auf Booten oder an schmalen Ufern. Alle Gärten in diesem Buch haben eines gemeinsam: Sie gehen kreativ mit dem zur Verfügung stehenden Raum um und bereichern unseren Speiseplan mit bescheidensten Mitteln.

Links: An diesem Pflanzkübel kann man sein Fahrrad anketten.

Dieses Buch ist kein reiner Ideenspender. Neben der Vorstellung exemplarischer Gärten zeigt es in praktischen Anleitungen, wie man jeden Zentimeter nutzbar macht: von der Bepflanzung von Hängekörben über den Kräuteranbau in Fugen und Ritzen gepflasterter Wege bis zu Methoden, wie man Pflanzen so stützt und pflegt, dass sie platzsparend in die Höhe wachsen. Diese Informationsseiten behandeln auch die wichtige Frage des Wässerns und Düngens – Pflanzen in Behältern sind vollkommen von uns abhängig, wenn es um ihre Versorgung geht. Anders als ihre Verwandten in freier Natur können sie keine neuen Quellen im Boden erschließen, wenn Trockenperioden drohen oder die Nährstoffe erschöpft sind. Gießen und Düngen sind unabdingbar, wenn man einen Topfgarten anlegt, der nicht nur gut wächst und Früchte trägt, sondern gleichzeitig eine blühende Augenweide ist. Ideen für die Umsetzung in die Praxis finden Sie in diesen Anleitungen zur Genüge.

Die zentrale Botschaft dieses Buches ist aber eine andere: Niemals aufgeben! Wenn Sie Ihr eigenes Obst und Gemüse anbauen möchten, aber fürchten, keinen Platz dafür zu haben, nehmen Sie sich die Zeit zur Lektüre. Vielleicht sehen Sie Ihre Umgebung dann mit neuen Augen. Der Reiz, Pflanzen in ungewohnten Umgebungen zu ziehen, bleibt verwöhnteren Zeitgenossen mit »richtigen« Gärten verschlossen. Sie könnten zum Beispiel einen kleinen Salatgarten oder sogar eine Miniaturplantage anlegen. Genießen Sie den Anblick dieser genialen Minigärten und lassen Sie sich für ihr eigenes Fleckchen Erde von den Errungenschaften anderer Gärtner inspirieren.

Lia Leendertz

Links: Kräuter eignen sich am besten für kleine Gärten. Sie benötigen wenig Platz und bereichern die Küche mit ihren Aromen.

Rechts: Selbst exotische Pflanzen wie Peruanischer Sauerklee lassen sich in Töpfen züchten.

Hoch hinaus

So unglaublich es klingt, manche der anspre-
chendsten Miniatur-Gemüsegärten findet man in
luftigen Höhen, auf Dächern und Balkonen: Uner-
wartete begrünte und bunte Oasen, kleine Gärten
Eden, eingerahmt von Kaminen und Gesimsen.
Kaum ein Gewächs würde auf sich gestellt so fern
dem nährenden Erdboden auch nur einige Tage
überleben. Wer hier also etwas anpflanzt, muss
ein leidenschaftlicher Gärtner sein. Außerhalb des
Schattens benachbarter Häuser und Bäume liegen
einige der schönsten Stadtgärten. Ihre Lichtfülle
macht sie überraschend ergiebig, weil die Pflanzen
die Sonnenstrahlen gierig aufnehmen und sich mit
leckeren Früchten revanchieren.

Wo sich Kunst und Gemüse begegnen

Nell Nile zieht nicht nur auf ihrem schönen Balkon mit Blick auf Bristol Gemüse. »Ich habe noch einen Schrebergarten, in dem ich Blumen und Gemüse anpflanze, aber der liegt zehn Minuten entfernt. Hier oben wachsen die Dinge, die gleich vor dem Essen geerntet werden.«

Nell ist Künstlerin, Farben und Blumen sind sehr wichtig für sie. »Ich kombiniere auf dem Balkon Gemüse und Kräuter mit Blühpflanzen. Das ist so eine Marotte von mir. Ich liebe die Herausforderung – ein orientalischer Schnittsalat neben einer Ringelblume, oder eine leuchtende Dahlie neben dem bläulichen Grünkohl.« Dieses Jahr stehen Salatpflanzen im Mittelpunkt. »Ich habe dunklen, krausen Lollo rosso in meinen Hängekörben zwischen den pink- und korallenfarbenen Geranien gepflanzt. Die dunkle Farbe des Salats verstärkt die Leuchtkraft der bunten Blumen, er polstert die Lücken dazwischen hübsch aus. Ich bin wirklich zufrieden damit. Salate eignen sich überraschend gut für Hängekörbe.«

Salate finden sich auch in den Blumenkästen, die Nell an der Balustrade angebracht hat. Sie machen es sich zwischen Surfinien und Lobelien gemütlich. »Hier wachsen mildschmeckende grüne Salate. Die esse ich am liebsten in einem Sandwich, besonders gerne die sanfte, süßliche Romanasorte 'Little Gem'.« In Töpfen zieht Nell Purpur-Basilikum. »Davon kann ich nicht genug bekommen, und ich liebe das dunkelpurpurne Blattwerk dieser Sorte. Zwischen den bunten Zinnien macht sie sich besonders gut.«

Rechts: Hoch auf einem Hügel über Bristol gibt es auf Nells Balkon im zweiten Stock viel Licht.

Gegenüber: Die Farbigkeit von Nells Blumen kann es mit dem bunten Wandfresco im chinesischen Stil aufnehmen.

Oben: Nell sät in Trögen verschiedene Blattsalate aus und erntet immer nur einzelne Blätter.

Oben rechts: Purpur-Basilikum 'Opal', kombiniert mit Nells Lieblingsblumen: Zinnien und Geranien.

Gestaltung und Pflege

Der Balkon wird von dem großen Wandgemälde beherrscht, mit dem Nell die Mauer dahinter geschmückt hat. »Es wäre eine Sünde gewesen, eine so große Fläche ungenutzt zu lassen«, sagt Nell. »Es sollte etwas Besonderes werden. Ich sammle alte chinesische Stoffe, und das Muster entspricht einem Stück, das mir in die Hände kam. Anfangs waren die Farben viel frischer, aber mit den Jahren hat die Sonne sie ausgebleicht. Irgendwann werde ich alles völlig neu gestalten.«

Die starke Lichteinstrahlung und der Wind sorgen dafür, dass Nells Töpfe und Hängekörbe schnell austrocknen. »Ich muss viel gießen. Die Hängekörbe und die Blumenkästen sind dem Wind am stärksten ausgesetzt. Beim Anpflanzen mische ich Feuchtigkeit bindendes Granulat in den Kompost und gieße jeden Tag.«

Nell pflanzt hier oben in Trögen auch Pflücksalate. »Im Schrebergarten fressen die Schnecken alles auf, also ziehe ich sie hier.« Sie sät in jedem Trog einen anderen Blattsalat und erntet immer dann, wenn er gerade groß genug für den Verzehr ist. Natürlich erntet sie auch regelmäßig Basilikum. »Basilikum lebt unter diesen Bedingungen regelrecht auf und wächst bestens. Es liebt das Licht. Ich muss die Pflanzen allerdings immer von Seitentrieben befreien, sonst blühen sie zu schnell. Durch das Ausgeizen wachsen sie zu schönen Büschen heran, und ich werde regelmäßig mit Basilikumblättern versorgt.«

Links: In den Hängekörben blühen pink- und korallenfarbene
Geranien und wachsen dunkel-
violette Lollo-rosso-Salate.

Oben: Nell genießt ihr schönes
ruhiges Fleckchen mit Aussicht.

Oben: Joels Dachschrebergarten

Gegenüber links: Der Schuppen wurde auf dem selbst gebauten Kunst- und Musikatelier errichtet.

Gegenüber rechts: Joel kocht gern hier – alles, was er benötigt, ist in Griffweite.

Der Mann auf dem grünen Dach

Als der Künstler und Komponist Joel Bird seinen außergewöhnlichen Dachschrebergarten baute, war er nicht sicher, ob die Idee gut war. »Ich improvisierte einfach drauf los. Ich wollte eine Werkstatt im Grünen, aber auch einen Schrebergarten. Einen Versuch war's wert.« Er baute also zuerst sein Atelier und dachte dann darüber nach, wie er auf dem Dach Gemüse anbauen könnte. »In London bekommt man nur schwer einen Schrebergarten. Es gibt lange Wartelisten, also bot sich die Lösung hier oben auf dem Dach geradezu an.«

Joel verfügte bereits über Erfahrungen mit einem gewöhnlichen Schrebergarten und wusste, dass es viel Mühe macht, ihn gut in Schuss zu halten. »Er war groß und übersät mit Queckengras und Unkraut. Und es gab zu viele Vorschriften. Dort etwas anzubauen war mir zu mühselig. Hier ist es einfacher.«

Joel stammt aus Liverpool. Seine ursprüngliche Idee war, auf der neu gewonnenen Fläche die Zutaten für »Scouse«, den ebenso berühmten wie spartanischen und heiß geliebten Fleisch- und Gemüseeintopf seiner Heimat anzubauen. »Ich merkte aber bald, dass Steck- und Kohlrüben so billig zu kaufen waren, dass ich ebenso gut Tomaten und Kräuter züchten konnte.« Häufig kocht und isst er mit seiner Familie hier oben und genießt den Ausblick über die benachbarten Schrebergärten von seiner eigenhändig geschaffenen Parzelle aus.

Links: Chilischoten reifen dort, wo das Licht auf dem Dach des Schuppens am stärksten ist.

Oben: Ein Rhabarberfeld wächst direkt in der auf dem Dach ausgebrachten Erde.

Gestaltung und Pflege

Der Schuppen ist zwar robust gebaut, wirkt durch schiefe Winkel und verschiedene Holzarten aber pittoresk. Er ist eine hübsche Mischung aus Alt und Neu. Der Dachschrebergarten weist zudem einen entschieden unregelmäßigen Grundriss auf. Zur Abdichtung des Dachs verlegte Joel Bitumen-Schweißbahnen. Um die Feuchtigkeit zu halten, brachte er darauf dann eine Lage Stoff auf. »Nur ganz billiger, gewöhnlicher Baumwollstoff. Wie ich schon sagte, alles war improvisiert.« Darauf wurden Kies und schließlich eine Schicht Erde verteilt. »Beim Baubeginn hob ich mir den Aushub aus der Grube auf und verteilte ihn dann einfach wieder oben.«

Auf dem Dach legte er sogar einen Grasweg und zu beiden Seiten Hochbeete an. Das Erdreich ist stellenweise 30 Zentimeter tief, was dazu beiträgt, dass der Garten nicht zu schnell austrocknet. Joel muss in Trockenperioden gießen, betont aber, wie überraschend gut sich das Ganze bewährt hat. Der Garten auf dem Schuppendach hat sich zum Erfolgsmodell gemausert – mittlerweile nimmt sein Besitzer auch Bauaufträge von anderen Gärtnern an.

Am besten wachsen hier oben Tomaten und Erdbeeren. Sie sind dankbar für die reiche Lichtausbeute, ebenso die mediterranen Kräuter, die eine gelegentliche Trockenheit nicht übel nehmen. »Im Grunde baue ich nur an, was ich gerne esse. Alles gedeiht hier gut«, sagt Joel. »Außerdem ist es ein schöner Ort, um seine Zeit zu verbringen.«

Oben links: Kartoffeln wachsen in Säcken mit Kompost.

Oben Mitte: Mediterrane Kräuter vertragen gelegentliche Trockenperioden gut.

Oben rechts: Das Erdbeerbeet trägt reiche Früchte.

Über den Dächern

Wendy Shillams Gemüsegärtchen liegt wie ein Nest zwischen den Dächern und Kaminen von Fitzrovia, hoch über der Innenstadt von London. Auf einer Grundfläche von nur 5 × 6 Metern hat Wendy ein Gewächshaus, einen Komposthaufen, einen Freisitz und mehrere kleine Beete untergebracht. »Hier verbringe ich unzählige Stunden, aber nicht immer als Gärtnerin. Ich frühstücke und entferne ein paar verdorrte Blätter oder lege eine Arbeitspause ein und jäte etwas Unkraut. Ich werde oft gefragt, ob das nicht zeitintensiv ist, aber eigentlich komme ich nicht wegen der Gartenarbeit herauf. Ich will einfach nur hier sein.«

Unten links: Selbst ein kleines Gewächshaus lässt sich in einem Dachgarten unterbringen.

Unten rechts: Wendy verbringt »unzählige Stunden« damit, sich in ihrem Garten zu entspannen.

Unten: Blumen und Gemüse gedeihen bestens zwischen den Kaminen.

Als Architektin wusste Wendy, dass die Statik des Daches das Gewicht der Pflanzen vertrug. »Jedes Buch über Dachgärten empfiehlt, einen Bauingenieur hinzuzuziehen, aber tatsächlich stellt eine Totlast – und das sind Pflanzen – eigentlich kein Problem dar. Eine Party mit 30 Leuten, die auf Springstöcken herumhüpfen, das wäre natürlich etwas anderes.«

Sie und ihr Mann Mike verlegten Holzdielen und setzten verschalte Hochbeete dazwischen, dann begann Wendy mit der Anpflanzung. »Ich wusste nicht, dass man gewöhnlich Blumen und Gemüse nicht mischt«, gibt sie zu, aber nach mittlerweile 17 Jahren beherrscht sie die Kunst hübscher und ertragreicher Mischpflanzungen auf kleinstem Raum perfekt. An purpurnen Stangenbohnen der Sorte 'Cosse Violette' ranken sich Edelwicken empor, an Feuerbohnen Purpur-Prunkwicken und zwischen dem Schnittkohl der Sorte 'Red Russian' tummeln sich Hornveilchen. »Bei mir soll der Gemüseanbau schön aussehen, und das ist nicht einmal schwierig. Gemüse ist an sich schön.«

Links: Im Gewächshaus reifen Tomaten bis in den Winter hinein.

Unten links: Hornveilchen blühen zwischen Schnittkohl, Salat und Mangold.

Links: Die Beete sind nicht sehr hoch, aber vielfältig bepflanzt.

Oben: Ein selbsttätiges Bewässerungssystem – hin und wieder mit der Gießkanne unterstützt – ist Wendys Erfolgsgeheimnis.

Rechts: Wendy nutzt Pergolen und Spaliere, um den Pflanzbereich nach oben zu erweitern und das Beste aus dem verfügbaren Raum herauszuholen.

Gestaltung und Pflege

Wendys Haus war einmal eine Bekleidungsfabrik. »Es gibt sechs Stockwerke und drei Öfen in jedem Raum. Um jeden herum saßen drei Schneider. Deswegen gibt es so viele Kamine hier oben.« Sie drücken dem Dachgarten ihren Stempel auf (»Im Licht des Sonnenuntergangs leuchten sie so schön rot«) und ragen auf der Nord- und Südseite hoch auf. Der Garten bekommt dennoch reichlich Licht – Wendy kann hier Pflanzen züchten, auf die sie in einem früheren, ebenerdig gelegenen Garten verzichten musste.

Das gilt auch für frostempfindliche Gewächse wie Tomaten. »Frost ist hier oben selten, deshalb wachsen die Tomaten im Gewächshaus einfach weiter. Noch Weihnachten habe ich welche gepflückt.« Die ausgegeizten Seitentriebe pflanzt sie als neue späte Setzlinge ein, damit sie auch im Winter wieder ernten kann.

Die Erde in den fünf großen Hochbeeten ist nur 15 Zentimeter tief, daher ist eine gute Bewässerung von entscheidender Bedeutung. Wendy verlässt sich auf ein Tropfsystem: Entlang des Gartens schlängeln sich Schläuche mit zahlreichen Auslässen, die das Wasser langsam abgeben.

Ihre Tomaten bewässert sie mit einem ausgeklügelten Verfahren. »Pflanztöpfe, deren Boden ich abgeschnitten habe, werden in Tröge mit Kieseln gestellt. Die Tröge werden mit Wasser gefüllt. Die Wurzeln, die die Feuchtigkeit aufnehmen, breiten sich darin aus.« Die Nährstoff suchenden Wurzeln liegen an der Oberfläche des Komposts, also wird von unten bewässert und von oben gedüngt. Das ist eine von vielen Methoden, mit denen Wendy das Bestmögliche aus einem Garten in ungewohnter Lage herausholt. »Es schenkt dir ein solches Erfolgserlebnis, hier oben Nahrungsmittel anzubauen. Ich esse die unglaublichsten Früchte. Man lernt sie wirklich zu schätzen.«

Rechts: Zwei der
1 × 3 Meter großen Beete
auf dem Vordach von
Annes Apartmenthaus.

Erdverbunden

Gemüsegärten sind in Hongkong rar, denn jeglicher freie Grund wird zum Bau von Hochhäusern genutzt. Darum freute sich Anne Roberts ganz besonders über die kleine Dachparzelle, als sie ihr Apartment in Kowloon bezog. »In Hongkong gibt es keine Tradition des Nahrungsmittelanbaus. Die Gründe liegen auf der Hand«, stellt sie fest. »Ich bin schon immer eine eifrige Gärtnerin gewesen, aber ich hätte nie geglaubt, dass ich hier in Hongkong weitermachen könnte.«

Unten: Annes kleine Parzelle ist eine Oase im zubetonierten Hongkong.

Die Selbstverwaltung wies 1 × 3 Meter große Parzellen auf dem Dach über dem Vorbau des Gebäudes aus und brachte einige Landwirte dazu, Hausbewohner mit dem Gärtnern vertraut zu machen. »Es ist eine Bildungsinitiative. Jeden Samstag besucht uns eine Delegation von Bauern aus den Neuen Territorien im Norden der Stadt.« Die dort ansässigen Kleinbauern versorgen die Stadt. Die Landwirte versorgen die Bewohner des Apartments mit Dung und Pflanzen und helfen ihnen beim Bewirtschaften ihrer Beete.

Anne gehörte zu den wenigen erfahrenen Gärtnern. Ihre Motive wichen etwas von denen ihrer Mitbewohner ab. »Ich wollte Salat pflanzen. Die Chinesen sind Meister im Gemüseanbau, aber Gartensalat und Rucola sind hier unbekannt. Ich sehnte mich nach einem knackigen Salatblatt in einem Sandwich. Ich hätte mir das alles in Läden für Ausländer kaufen können, aber die Ware wird eingeflogen und ist sündhaft teuer. Dank meiner kleinen Beete kann ich jetzt für den Eigenbedarf anbauen.«

Links: Mehrere Parzellenbesitzer züchten Papayas.

Gestaltung und Pflege

Anne hat sich dreier Parzellen angenommen. Das Erdreich ist dünn, aber gut zu bearbeiten. »Wenn uns die Bauern besuchen, bringen sie jedem einen Eimer voll Mist mit. Der hält den Boden in gutem Zustand.« Das Klima ist eine ziemliche Herausforderung. »Im Winter ist es nur ein wenig klamm und grau, wie ein langweiliger Frühlingstag in England. Im Sommer jedoch ist es sehr heiß und feucht – die Luftfeuchtigkeit beträgt häufig 100 Prozent. Nach einem der gelegentlichen Taifune ist die Parzelle regelrecht vermüllt.«

Die meisten Gartenbesitzer züchten unter Anleitung der Bauern einheimische Sorten wie Auberginen, Japanischen Rettich, Bittermelonen, Spinat oder Pak Choi, die hier natürlich hervorragend gedeihen. »Das kann ich aber überall kaufen«, meint Anne. »Meinen Wunsch, europäische Salatsorten anzubauen, betrachten die anderen als Marotte von mir.«

Annes Pflanzen sind heikel. »Salat im Sommer zum Keimen zu bringen, ist schwierig. Er mag es kühl, und die hiesigen Temperaturen sind einfach zu hoch für ihn.« Die Sommerhitze bringt viele der Blattpflanzen dazu, Schossen auszubilden. »Bei heißem Wetter geht das schnell. Rucola sieht morgens noch gut aus und steht abends schon in Blüte. Spinat kann ich nur anbauen, wenn ich ihn gut wässere. Ich beziehe mein Saatgut aus Europa und kaufe nur, wenn die Beschreibung garantiert, dass die Pflanzen nicht zum schnellen Schossen neigen.«

Oben links und rechts: Okra und Auberginen wachsen im feuchtwarmen Sommer Hongkongs gut.

Oben: Die Beetbesitzer wässern alles selbst von Hand.

Praxistipp: Offen für hochgesteckte Ziele

Nach oben ist immer noch Luft, das gilt auch für Ihre Pflanzen, vor allem, wenn Sie nicht viel Platz zur Verfügung haben. Viele Arten wachsen hoch, warum sollte man sie also nicht mit Rankgittern oder Geländern in ihrem Drang nach oben unterstützen? Schon mit geringem Aufwand kann man effektive Rankhilfen gestalten, um den eigenen Garten auch in der Vertikalen voll zu nutzen.

Zu den einjährigen Kletterpflanzen gehören Stangen-, Feuer- oder Wachtelbohnen, Erbsen, Gurken und Melonen. Auch Winter- und andere Kürbisarten können an Kletterhilfen gewöhnt werden. Weinreben oder Kiwis sind ebenfalls denkbar. Sie sind langlebig, brauchen aber große Töpfe und stabile Stützen und benötigen jedes Jahr eine frische Lage Kompost.

1. Gurken eignen sich bestens für Gerüste, weil sie nicht allzu hoch wachsen. Sämlinge pflanzt man in einem nahe am Gerüst stehenden Topf mit Kompost.

2. Sobald die Pflanze angewachsen ist, bindet man sie an: ein fester doppelter Knoten am Gerüst und ein lockerer am Stengel der Pflanze.

3. Diese Stütze für Kletterbohnen besteht aus drei Rohrstöcken, die tief in einen großen, mit Kompost gefüllten Topf gesteckt werden. Knapp unter der Spitze bindet man die Stöcke nach Wigwam-Art fest zusammen.

4. Man steckt eine Bohne am Fuß jedes Stocks und bindet sie an, sobald sie wächst. Auch hier gilt: ein fester doppelter Knoten am Gerüst und ein lockerer am Stengel der Pflanze.

Praxistipp: Erdbeeren in der Hängeampel

Jeder Quadratzentimeter Ihres Gartens ist bereits mit Pflanzen belegt? Dann lassen Sie sie in Hängeampeln von Vorsprüngen und Pergolen baumeln. Manche Früchte gedeihen so übrigens am besten. Bestimmte Tomatensorten wie 'Tumbling Tom' oder 'Cherry Falls' breiten sich dekorativ über den Rand des Hängekörbchens aus, ebenso wie Zuckererbsen, die sich nach unten statt nach oben orientieren. Praktisch alle mediterranen Kräuter vertragen ein gelegentliches Austrocknen, wie es in luftigen Höhen nun einmal vorkommt. Erd- und Walderdbeeren eignen sich besonders für hängenden Anbau. Die Früchte sehen dekorativ aus und bleiben außer Reichweite von Schnecken.

1. Die Hängeampel auf einen großen Blumentopf stellen und mit einer Kokosmatte oder Moos auslegen. Das durchlässige Material verhindert Staunässe.

2. Ein Stück gefaltete Plastikfolie (Einkaufstüte) in die Vertiefung legen. Darauf bleibt der Kompost etwas feucht, was der Austrocknung vorbeugt.

3. Mit einer Mischung aus Kompost und Feuchtig-keit bindendem Granulat auffüllen, aber nicht zu voll. Das nasse Granulat quillt und gibt die Feuchtig-keit nur langsam ab.

4. Kleine Sprossausläufer von Erdbeeren entlang des Korb-randes eirsetzen. Bei 30 Zentimetern Korbdurchmesser genügen drei davon; 10–12 Zentimeter Abstand zwischen den Pflanzen lassen. Gut festdrücken. Immer gut gießen und regelmäßig düngen (Kalium-Konzentrat, Tomatendünger oder Beinwelljauche, s. Seite 102).

Urbane Lösungen

Selbst im betonreichen Großstadtdschungel ist Platz für Gemüse. Werten Sie ungenutzte Ecken auf, indem Sie ein paar Blumentöpfe dorthin stellen: auf Treppenstufen, auf der Terrasse oder in einem stillen Winkel des kleinen Gartens. Innenhöfe und kleine Gärten liegen oft im Schatten größerer Bauten, also sollte man sich für Pflanzen entscheiden, die für solche Standorte geeignet sind. Weil diese Hofräume häufig eng und unansehnlich sind, lohnt es sich, wenn man sie mit so vielen und bunten Pflanzen aufpeppt wie nur möglich.

Spargärtchen im Hinterhof

Der hübsche Hinterhof von Penny Golightly in London quillt geradezu über vor Blüten, Beeren und Gemüse. Man könnte meinen, dass enorm viel Zeit, Energie und Geld in diesem Gärtchen stecken. Tatsächlich aber hat sich Penny – freie Autorin für Finanz- und Sparfragen – zum Ziel gesetzt, umgerechnet nur etwa 65 Euro im Jahr dafür auszugeben. »Das macht etwas mehr als einen Euro pro Woche aus«, erklärt sie, »was für ein so kleines Grundstück durchaus angemessen erscheint. Dieses Limit habe ich mir einerseits gesetzt, weil nicht genug Geld da ist, und andererseits, weil ich mir und anderen zeigen wollte, was möglich ist.« In ihrem Blog *Golightly Gardens* beschreibt sie, wie sie mit ihrem extrem knappen Budget zurechtkommt.

Trotz der selbst auferlegten Beschränkung macht sich der Garten ausgezeichnet. Auf 3,9 × 9 Metern Grundfläche wachsen Rhabarber, Himbeeren, Gurken und Tomaten fröhlich nebeneinander. Den Rhabarber gab es bei eBay für etwas mehr als einen Euro, die Gurken und Tomaten wurden aus Samen gezogen, die von anderen Gärtnern eingetauscht wurden oder aus kostenlosen Proben stammen. »Man bekommt erstaunlich viel Saatgut gratis«, meint Penny. »Man darf nur nicht wählerisch sein, was die Sorten angeht.« Die Himbeeren dagegen waren mit 9 Euro für sechs Stöcke eine echte Anschaffung – es gab sie als Sonderangebot in einem Laden in der Nähe. »Wir hatten wochenlang jeden Tag eine Schüssel voll davon, also hat es sich gelohnt.«

»Wenn Geld keine Rolle spielte«, sagt Penny, »hätte ich gern ein Spargelbeet und mehr Obst. Ich würde einige Heidelbeerbüsche kaufen, aber das geht nur, wenn ich etwas anderes reduziere oder sie gegen Sämlinge eintausche. Meine Leser würden es merken, wenn ich schummle.«

Links: In ihrem Londoner Gärtchen kombiniert Penny Obst, Gemüse und Kräuter.

Rechts: Ihr kleines Paradies kommt mit einem jährlichen Budget von nur 65 Euro aus.

Oben: Eine ausrangierte Trittleiter schenkt Penny zusätzlichen Platz für Pflanzen.

Oben Mitte: Ein Topf mit Klee soll die Bienen anlocken.

Oben rechts: Himbeeren sind eine langlebige Anschaffung und gehören zu Pennys Lieblingspflanzen.

Gestaltung und Pflege

Der Garten ist klein, grenzt direkt ans Haus an und ist deshalb schattig. Während das hintere Ende der direkten Sonneneinstrahlung ausgesetzt ist, liegt die dem Haus zugewandte Seite oft im tiefsten Schatten. Deshalb hat Penny in den Beeten neben dem Haus Rhabarber gepflanzt, der keine direkte Sonne benötigt, aber auch Radieschen, 'Oriental Greens' (Schnitt- und Pflücksalat) und Blattsalate. Die Sonnenseite bleibt Winterkürbis, Tomaten, Gurken und anderen Licht liebenden Gewächsen vorbehalten. Auf einer Art Tisch aus alten Paletten züchtet sie Chilis, Erdbeeren und Kräuter. »Wenn man sie auf Hüfthöhe ansiedelt, bekommen sie mehr Licht ab, bevor die Sonne hinter dem Haus verschwindet.«

Oben: Auf einem »Tisch« aus Paletten wachsen Kräuter und Chilischoten nicht nur in günstiger Arbeitshöhe, sie bekommen außerdem etwas mehr Licht.

Rechts: Das mit Sämlingen gefüllte Minigewächshaus ist im Frühjahr das Zentrum des Gartens.

Um den Platzmangel auszugleichen und aus dem sonnigen Gartenabschnitt das Maximum herauszuholen, suchte und fand Penny ein Stück Rankgitter, das sie an der hinteren Hofmauer anbrachte; damit schuf sie eine große neue Wachstumsfläche für Kletterpflanzen. Sie strich es in einem zarten Blau mit leichtem Grünstich, passend zu anderen Stücken in ihrem Garten. »Fundsachen wie diese nehme ich gern hier herein, eine Trittleiter, Töpfe, das Rankgitter – alle im selben Farbton gestrichen. Das bringt Ruhe ins Ganze, ich mag das wiederkehrende Motiv, das sich durch den ganzen Garten zieht.«

Nichts geht in diesem Garten ohne das winzige Plastik-Gewächshaus nahe am Haus, das im Frühling eine Fülle von Sämlingen beherbergt. »Ich ziehe alles aus Saaten oder Ablegern und kaufe niemals Gemüsepflanzen. Ich säe auch immer über Bedarf. Sie würden sich wundern, was man alles im Tausch für Sämlinge bekommt.«

Links: In ihrem Garten verwendet Penny ausschließlich recyceltes Material.

Oben rechts: Lavendelableger werden für eine neue Hecke gezogen.

Rechts: Auf der Schattenseite des Gartens wachsen Blatt- und orientalische Schnittsalate.

Sonnige Stufen zum Kräuterhimmel

Oben: Bunte Geranien und Töpfe mit Kräutern stehen Seite an Seite.

Oben rechts: Die Küchenkräuter haben bei Ellen Hughes ihren Platz auf der Treppe.

Gegenüber: Ellen entspannt sich auf den begrünten Stufen.

Anstatt sich damit abzumühen, Kräuter im Schattengarten ihres Stadthauses in Bristol zu ziehen, konzentrierte sich Ellen Hughes auf die sonnigen Treppenstufen am Eingang, wo nun ein bunter Garten sprießt. »Die Baumgruppe im Garten sieht schön aus, aber Licht gibt es nur auf der Treppe vor dem Haus. Minze und Lauch verwende ich häufig für Kartoffeln oder gedünstetes Gemüse, während die Kräuter in den Salat kommen.« In einem Blumenkasten an der Wand reifen Baby-Kopfsalate und Rucola. »Ich arbeite zu Hause und pflücke täglich ein paar Blätter für das Mittagessen.«

Die Treppe wird zur reizvollen Brücke zwischen privatem und öffentlichem Bereich. »Wir sitzen oft hier draußen und schauen uns die Leute an. In unserer Straße wohnen viele Studenten. Wir sehen sie ankommen, einziehen, sich von ihren Eltern verabschieden, Partys feiern, wie sie sich mit der Mülltrennung abplagen, sich verlieben und dann am Semesterende wieder ausziehen, wenn sie zu ihren Eltern zurückkehren. Wir sitzen oft mit unseren Nachbarn auf den Stufen, trinken etwas, quatschen oder helfen ihnen mit Kräutern aus. Unsere Teenager tanken Sonne, mein Mann trinkt Kaffee, und unsere Kleinen bunkern dort mitgebrachte Steine und Kiesel von Spaziergängen und Urlauben. Am schönsten ist es abends, wenn man der Sonne beim Untergehen zuschaut und feststellt, wie sehr alles seit gestern gewachsen ist.«

Oben: Kräuter gedeihen im vollen Sonnenlicht.

Oben rechts: Ellen zieht Schnittsalat in einem an der Wand befestigten Blumenkasten.

Gegenüber links: Tomaten kann man hervorragend in Gummistiefeln ziehen.

Gegenüber rechts: Walderdbeeren reifen auf der Treppe.

Gestaltung und Pflege

Ellen liebt Geranien, ihrer Farbe wegen. »Für mich sind große Farbtupfer wichtig, weil ich nur hier Blumen pflanzen kann. Geranien sind anspruchslos, blühen aber herrlich den ganzen Sommer über.« Ihre ganze Liebe gehört jedoch den Kräutern. »Sie mögen direktes Sonnenlicht. Ich ziehe Rosmarin, Minze, Thymian, Zitronenmelisse, Salbei, Fenchel, Schnittlauch und Petersilie. Alle verwende ich häufig in der Küche und in Salaten, aber ich pflanze sie auch ihres Duftes wegen an. Jedesmal, wenn ich über die Treppe gehe, zupfe ich ein Blatt ab, reibe es zwischen den Fingern, rieche daran oder probiere es. An Sommerabenden ist der Duft von Minze und Zitronenmelisse so erfrischend.« Es gibt auch Beete mit Roter Bete, Walderdbeeren, einen Trog mit Blattsalaten und ausrangierte Gummistiefel, die von den Kindern mit Tomaten bepflanzt wurden.

Der einzige Nachteil besteht darin, dass man im Sommer wegen der direkten Sonne täglich gießen muss. »Auf die Stufen passen nur kleine Töpfe, die schnell austrocknen. Wir müssen aber Fahrräder und Kinderwagen daran vorbeitragen.« Alles in allem findet Ellen, dass ein Garten dieser Größe gut zu pflegen ist. »Er wächst dir nie über den Kopf. Haushalt und Familie lassen nicht viel Zeit fürs Gärtnern, aber unser kleiner sonniger Fleck auf der Treppe ist überschaubar und zugleich eine Bereicherung für uns alle.«

Rechts: Die Veranda stützt Kletterpflanzen, wie diese Weinranken.

Unten: Kleine Töpfchen mit Blattsalaten kann man zum Abernten in die nahe Küche bringen.

Lias Regendach

Hier geht es um meine eigene Veranda. Wir sind vor zehn Jahren in unser massives Reihenhaus aus den 1920er-Jahren eingezogen. Diese Häuser sind quadratisch, geräumig und schlicht, nicht so verwinkelt wie die Bauten der viktorianischen Zeit. Die Rückseite war unverbaut und sonnig, eine Veranda an dieser Stelle drängte sich geradezu auf. Der Hintergedanke war, einen kleinen, regengeschützten Bereich zum Sitzen einzurichten (so etwas gehört eigentlich in jeden englischen Garten).

Außerdem wachsen Pflanzen hier ganz hervorragend. Jetzt kann ich Grünzeug züchten, das im eigentlichen Garten nie gedeihen würde. Auf so kleinem Raum – die Veranda misst 3 × 6 Meter – behält man alles jederzeit im Blick und schenkt den Pflanzen entsprechend viel Aufmerksamkeit. Weil es nur Blumentöpfe gibt, herrschen überall optimale Bedingungen: Kräuter wachsen, nur gelegentlich gegossen, in gut drainiertem grobem Kompost, während die Obstbäumchen in fettem, wasserbindendem Kompost stehen und jeden Tag eimerweise Wasser bekommen, wenn sie in vollem Wachstum stehen und Früchte ausbilden.

Dahinter liegt ein größerer Garten, der aber ehrlich gesagt eher wenig gepflegt wird. Auf dem gedrängten Grundriss der Veranda lässt sich alles viel besser in Schuss halten. Außerdem kann man trockenen Fußes schnell ein paar Kräuter fürs Abendessen ernten, auch bei starkem Regen.

Rechts: Lias Veranda quillt über vor Nektarinen, Erdbeeren und Apfelduft-Pelargonien.

Gestaltung und Pflege

Die robusten Bananenstauden geben dem Garten hinter der Veranda ein subtropisches Gepräge, was mich dazu animiert hat, großblättrige Pflanzen auf die Veranda zu stellen, durchbrochen von Farbtupfern aus Verbenen und Geranien. Blätter wie die der Apfelduft-Pelargonien sind wichtig für mich. Ich aromatisiere Kuchen und Puddings mit zarten Blüten- oder Zitrusdüften. Inzwischen ist die Veranda mit exotischen und ausgefallenen Würzpflanzen bevölkert, die etwas mehr Aufmerksamkeit benötigen. Kurkuma- und Ingwerblätter, aus Knollen gezüchtet, verwende ich beim Garen von Speisen oder als Tees. Als tropische Pflanzen vertragen sie keinen Frost, daher überwintern sie im kleinen Gewächshaus unmittelbar an der Hauswand.

Das Dach aus durchsichtigen Polycarbonatplatten ermöglicht mir Kulturen, die es unter freiem Himmel schwer hätten, wie Nektarinen und Pfirsiche. Trotz ihrer ausgeprägten Widerstandsfähigkeit leiden sie schwer unter der Kräuselkrankheit, einem Pilzbefall während der Winter- und beginnenden Frühjahrsregen. Hier unter dem Dach ist davon nichts zu sehen. Dasselbe gilt für die Kraut- und Braunfäule, die bei Tomaten im Hoch- und Spätsommer bei Regenwetter auftritt. An den Stützen der Veranda wachsen Kletterpflanzen, darunter eine große ergiebige Weinrebe und ein Topf mit Mashua, die Stengel mit Blättern hervorbringt, die der Brunnenkresse ähneln, orange Blüten im Spätsommer und wohlschmeckende Knollen im Spätherbst.

Links: Pfirsiche schätzen das schützende Dach.

Oben: Mashua – eine südamerikanische Hackfrucht – ist selten in unseren Breiten.

Rechts: Lia züchtet Kurkuma – in die Blätter schlägt sie Speisen ein, um sie anschließend darin zu dämpfen.

Oben rechts: Im kleinen Gewächshaus treiben frische Salatpflänzchen aus.

Unten rechts: Unter dem schützenden Dach bleiben die Tomaten von Fäulniskrankheiten verschont.

Begrünter Fahrradständer

Wer im King Henry's Walk Community Garden im Londoner Stadtteil Islington mithilfe eines »Plant Lock« gärtnert, befindet sich in guter Gesellschaft. In diesem Gemeinschaftsgarten wimmelt es nur so vor innovativen Ideen. Reihen von verschiedenfarbigen Salaten in einem riesigen Pflanztrog aus Metall, Grünkohl und Zucchini in einem anderen. Daneben quellen Kartoffeln und Chilischoten, essbare Blüten und Karotten aus Behältern in allen Größen und Formen. Die Mehrzwecktröge der Marke Plant Lock sind besonders originell. Aufgrund ihrer Breite und Tiefe fassen sie genug Erde, um verschiedenste Gemüsepflanzen aufzunehmen, gleichzeitig können Besucher ihre Fahrräder daran anketten. Zwei Drahtesel finden an den stabilen Bügeln an den Längsseiten des Trogs einen sicheren Stellplatz.

Der Clou an dieser Idee ist, dass nur das Gewicht der feuchten Erde die Tröge an Ort und Stelle hält. Einer davon wiegt voll bepflanzt 75 Kilogramm und ist dann praktisch unbewegbar. Die Benutzer des Gemeinschaftsgartens können auf eine zusätzliche Befestigung verzichten.

Damit werden auf kleinstem Raum und auf einen Schlag zwei Probleme des städtischen Alltagslebens gelöst: Betonwüste und Fahrraddiebstahl. Die vielen Besucher des Gemeinschaftsgartens müssen nicht mehr nach Geländern und Fallrohren von Regenrinnen Ausschau halten. Ihr umweltfreundliches Transportmittel bekommt einen denkbar grünen und eleganten Stellplatz.

Links und rechts:
Kräuter, Blumen und Gemüse wachsen in mit Erde gefüllten Plant-Lock-Trögen bunt durcheinander.

Gestaltung und Pflege

Die beiden Plant-Lock-Tröge im Gemeinschaftsgarten am King Henry's Walk sind völlig unterschiedlich bepflanzt. Der eine mit einer bunten Mischung aus Blumen und Gemüse, Lobelien und Kapuzinerkresse, einigen Kirschtomaten-Pflänzchen und Rippen-Mangold. Die gezupften Blüten und Blätter der Kresse finden Verwendung in Salaten, die Tomaten sind am Ende des Sommers erntereif, und der Mangold kann während der ganzen schönen Jahreszeit gepflückt werden oder auch als Wintersalat dienen, wenn anderes nicht zur Verfügung steht. Diese Bepflanzung auf so kleinem Raum erfüllt viele Ansprüche, und die Pflege wird quasi nebenher erledigt.

Im zweiten Trog wachsen vor allem Thymian und Oregano. Beide sind mediterrane Kräuter, die in einer trocken-heißen Umgebung gedeihen und Dürre vertragen. Die ätherischen Öle in ihren Blättern werden durch gelegentliche Austrocknung sogar konzentrierter und intensiver. Aus diesem Grund eignen sich diese Pflanzen besonders für Pflanztröge an öffentlichen Plätzen, wo seltener gegossen wird. Passanten zupfen ein paar Blätter ab, und der sich nach oben verbreiternde Trog nimmt bei Schauern möglichst viel Regenwasser auf. Mehr Unterhalt ist unter Umständen gar nicht nötig.

Links: An den stabilen Bügeln werden abgestellte Fahrräder mit Ketten gesichert.

Links oben: Mediterrane Kräuter gedeihen ohne viel Pflege.

Links unten: Kapuzinerkresse schmeckt nicht nur gut in Salaten, sondern blüht auch sehr hübsch.

Garten mit Ausstrahlung

Als sie nach Portland im US-Staat Oregon zog, hoffte Gillian Carson, die Erfahrungen mit ihrem Kleingarten in England auf eine nun deutlich größere Fläche übertragen zu können. »Mein erster Garten bestand aus einem einzigen kleinen Gemüsebeet, also wäre mir jede Nachlässigkeit peinlich gewesen. Gemüse wurde daher beispielsweise so gepflanzt, dass ein Muster entstand.« Kritik daran ließ sie unbeeindruckt: »Manche meinten, das könnte nicht gelingen, aber es sah großartig aus. Als ich nach Portland kam, war ich gespannt, ob das gleiche auch unter anderen klimatischen Bedingungen funktionierte.«

Auf einem Teil ihrer Parzelle schuf sie einen ausgesprochen schmucken Gemüsegarten. Ihr neuer »Strahlengarten« misst 5 × 3 Meter und belegt etwa ein Viertel ihrer Parzelle. Gillian ist begeistert davon, mit Pflanzen ein Muster zu »malen«. »Ich bin ein kreativer Mensch. Ich schreibe, male und bastle gern – warum sollte ich das nicht auch in meinem Gemüsegarten ausleben?«

Eine lange Liste mit Gestaltungsideen wartet nun auf ihre Verwirklichung im Garten, darunter ein kreisrundes Salatbeet, Kräuter, die in diamantförmiger Anordnung wachsen, ein Zickzackfeld für Stecklinge und Kürbisanbau im Hochformat. »Mein Garten soll dem Betrachter etwas geben. Nach zehn Jahren Gemüseanbau öden mich parallele Reihen einfach an.«

Rechts: Gillian gestaltet ihren Garten in Portland alles andere als eintönig.

Ganz rechts: Im »Strahlengarten« stehen die Pflanzen in vollem Wuchs.

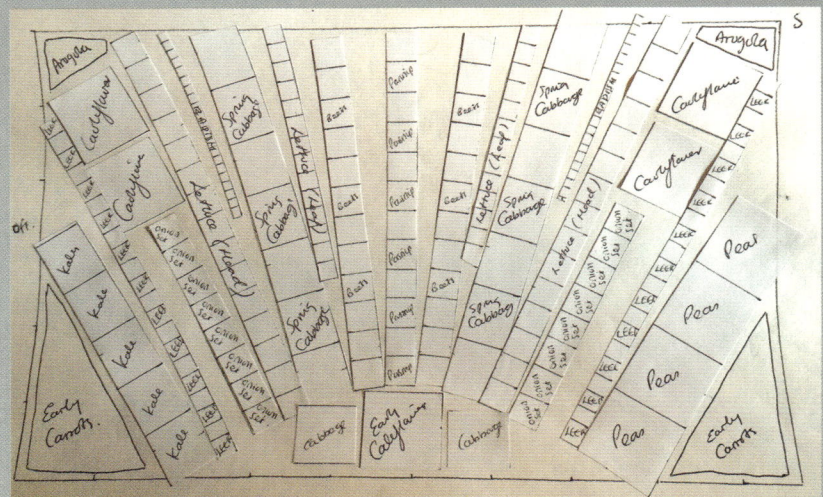

Gestaltung und Pflege

»Zunächst wählte ich Pflanzen wie Grünkohl, Weißkohl, Blumenkohl und Zwiebeln aus, weil sie ausdauernd sind. Sie bildeten das eigentliche Grundgerüst meines Entwurfs. Dazu gesellten sich dann Erbsen und Karotten, weil wir sie gern und häufig essen. Zum Schluss die Salate, weil sie so rasch geerntet und neu gesetzt werden, dass die Gestaltung immer frisch wirkt.«

Den laufenden Nachschub an Salatpflänzchen für die durch das Ernten entstehenden Lücken liefert Gillians Gewächshaus. »Der Bogen, der die Strahlenform zusammenhält, wird mit Strand-Silberkraut akzentuiert. Auf diese Weise behält das Muster den ganzen Sommer über seine Form.«

Ein paar Änderungswünsche für die folgende Umsetzung des Schemas hat Gillian schon, wobei sie betont, wie wichtig es sei, die ausgewachsene Größe von Pflanzen zu berücksichtigen und entsprechend einzuplanen. »Beim nächsten Mal kommt der Grünkohl genau in die Mitte. Die Pflanzen wachsen sehr schnell und bringen das ganze Muster aus dem Gleichgewicht. In der Mitte würden sie es betonen.«

Alles in allem ist sie aber zufrieden mit dem Ergebnis. »Ich werde oft gefragt, ob man Pflanzen wirklich so nahe zusammen anbauen kann. Die Antwort lautet Ja. Die Erfahrung lehrt, dass Platz weniger wichtig ist als Licht. Eine große Pflanze darf eine kleine nicht überschatten. Man muss herausfinden, aus welcher Richtung das Sonnenlicht kommt und entsprechend anpflanzen. Das Gemüse wächst hervorragend und sieht dabei auch noch wunderschön aus.«

Gegenüber oben rechts:
Mit diesem Grundriss begann
Gillian ihre Gartengestaltung.

Gegenüber oben links: Zuerst
wurde der Garten gejätet und
vorbereitet.

Gegenüber Mitte links: Der
Grundriss wurde mit einem
Brett markiert.

Gegenüber unten links:
Anschließend wurden die
Sämlinge ausgepflanzt.

Links oben: Im frisch angeleg-
ten Strahlengarten hat jedes
Pflänzchen den richtigen Platz
gefunden.

Links unten: Gillian suchte ausdauernde Pflanzen aus, die dazu
beitragen, die Strahlenform eine
ganze Saison lang zu bewahren.

Praxistipp: Die Kunst der Fuge

Warum lassen Sie nicht ein paar Pflanzen etwas aus der Reihe tanzen? Die Fugen zwischen dem Pflaster von Wegen drängen sich nicht gerade auf, aber sie reichen für einen Kräuterteppich hier und dort. Das funktioniert natürlich nur mit locker befestigten Wegen. Zwischen den Platten eines modernen Bodenbelags bleiben kaum Freiräume, in denen grünes Leben Wurzeln schlagen könnte. Manchmal hat Schlamperei aber auch ihr Gutes. Meine Wege sind bewusst lückenhaft angelegt, weil auch in den Fugen etwas wachsen darf.

1. Verstreuen Sie eine Mischung aus Humus und Kompost im Bereich um die Fugen.

2. Mit dem Besen so verteilen, dass die Spalten gefüllt sind, dann andrücken.

3. Für diesen sonnigen Fleck verwende ich Sand-Thymian, aber auch die bodenbedeckende, intensiv duftende Scheinkamille 'Treneague' wäre denkbar. Für schattige Bereiche empfehle ich Korsische Minze (*Mentha requienii*).

4. Sand-Thymian aus dem Topf lässt sich normalerweise gut in viele kleinere Pflanzen zerlegen, weil er viele einzelne Seitentriebe mit Wurzeln bildet.

5. Mit einem Bleistift oder einem Bambusstab ein Loch bohren, dann die Wurzelballen einsetzen. Die Erde gut festdrücken, dann wässern. Bei trockenem Wetter regelmäßig gießen, bis die Pflanzen angewachsen sind.

Praxistipp: Minze wiederbeleben

Minze sollte man in Töpfen ziehen, weil sie im Freiland mit ihren kräftigen weißen Wurzeln zum Verdrängen ihrer Konkurrenten neigt. Sie scheint sich täglich mehr und mehr auszubreiten. Im Topf gelingt ihr das nicht, obwohl sie es versucht. Am Ende der Saison haben sich die Wurzeln kreisförmig oben um die innere Topfwand gelegt. Der Pflanze geht jetzt buchstäblich die Puste aus; sie stirbt ab und wächst kaum noch. Mit einem einfachen Trick hauchen Sie der müden Minze neues Leben ein.

1. Die langen, schütteren Triebe abschneiden.

2. Die Pflanze aus dem Topf nehmen. Die dicken Wurzeln entlang des Randes, dicht an der Oberfläche, sind gut zu erkennen.

3. Mit einem Brotmesser den Wurzelballen kraftvoll teilen. Die Pflanze verträgt das!

4. Die Hälften umdrehen und Rücken an Rücken in den Topf zwängen, sodass die kräftigen weißen Wurzeln jetzt in der Mitte sind. Die Lücken mit frischem Kompost auffüllen, dann gut andrücken.

Gärtnern fürs Gemeinwohl

Ein kleiner Garten ist manchmal mehr als die Summe seiner Teile. Auch auf kleinsten Feldern kann man nachwachsenden Generationen vieles über Nahrung und Ernährung beibringen, gemeinsam eine Brache kultivieren oder alternative Zuchtmethoden für den Hausgebrauch erproben. Minigärten zeigen besonders dort Wirkung, wo sie eine Oase der Fruchtbarkeit bilden und überaus nahrhafte Feldfrüchte auf nährstoffarmen Böden wachsen. Man sollte einen kleinen Garten niemals unterschätzen – hier kann Großes reifen.

Teestunde mit Gießkanne und Schaufel

»Wir sprechen oft über Kacke«, sagt Sara Limback mit lausbübischem Grinsen. »Überall sonst würde ich es Bodenverbesserung nennen, aber diese Rasselbande hier findet es zum Schreien, wenn sie einmal im Monat mit Kacke spielen darf.«

Sara betreut die »Kleinen Schaufeln«, eine Gärtnergruppe in Windmill Hill in Bristol, die sich aus Vorschulkindern zusammensetzt. Der Nachwuchs trifft sich auf der städtischen Farm, einer Art kleinem Gemeinde-Bauernhof mit Schweinen, Schafen, Ziegen und Hühnern. Die Tierhaltung sorgt für einen stetigen Dungnachschub. »Wir kommen mit den Schubkarren zum Misthaufen, laden auf und fahren zu den Beeten.« Die Kinder machen begeistert mit, und die gute Erde in ihren Beeten lässt so manchen erwachsenen Gärtner vor Neid erblassen.

Die Parzelle für die Kleinen ist Teil eines größeren Grundstücks und misst etwa 3 × 4 Meter. Das reicht gerade, um darauf die 20 Mütter und Kleinkinder unterzubringen, die zu einem Kurs erscheinen, aber es ist genug. Das Feld besteht aus einer Reihe von kleinen Hügelbeeten mit Pfaden dazwischen. »Niedrige Hügelbeete eignen sich für Kinder am besten. Würmer und Pflanzen sind leicht zu greifen, vor allem für die Kleinsten. Mit etwa sechs Monaten können sie sich aufrichten, stehen und mit der Erde spielen«, erläutert Sara. Viele der Mütter sehen das Hantieren ihrer Kinder mit Dreck am Anfang skeptisch: »Die Beete verhindern, dass die Babys in den Schlamm purzeln, aber sie tragen dazu bei, dass sie – und ihre Mütter – sich an Dreck gewöhnen.«

Links: Ernest, seine Mutter Jen, Poppy und ihre Mutter Katie genießen frische Himbeeren im Garten.

Rechts: Die Beete sind so niedrig, dass die Kinder sich beim Gärtnern darüberlehnen können.

Gestaltung und Pflege

Oben: Rhabarber wächst in einem alten Reifen.

Oben Mitte: Die Kinder gießen ihre neu gepflanzten Sämlinge an.

Oben rechts: Auch der Umgang mit Kapuzinerkresse will gelernt sein.

Gegenüber links: Salate gehören zum Grundbestand der Parzelle.

Gegenüber rechts: Jen und Ernest setzen junge Pflanzen ein, die Sara zu Hause vorgezogen hat.

Hier geht es nicht um zweckfreies Wühlen in der Erde. Kinder und ihre Eltern bekommen die Gelegenheit zum Gärtnern und lernen gleichzeitig den Umgang mit Nahrungsmitteln. »Wenn Mütter sagen: ›Sowas essen sie nicht‹, ändert sich das spätestens, wenn die Kinder es selbst gezüchtet und gepflückt haben.« Der 4-jährige Ernest (das ist der Kleine mit dem Hut) probiert zur Verwunderung seiner Mutter Rhabarber. Die gleichaltrige Poppy isst Zucchini und deren Blüten und kaut sogar frische Minze. »Sie sagt, dass es nach After Eight schmeckt«, bemerkt ihre Mutter Katie belustigt. »Das isst sie zwar nicht, aber die Minze schon.«

Die Kinder säen an, pflanzen aus und ernten. »Natürlich geht das nicht so einfach«, gibt Sara zu, »aber hinter den Kulissen wird viel Arbeit geleistet, damit es so einfach aussieht.« Sara sät zu Hause nach jedem Kurs noch mehr Samen an, damit immer junge Pflanzen zur Verfügung stehen. »Die Kinder brauchen ein Erfolgserlebnis.«

Jeder Kurs ist strukturiert, allerdings den Bedürfnissen und Möglichkeiten angepasst. Dazu gehören rund 20 Minuten konzentriertes Säen oder Düngen, 10 Minuten für das Graben nach Regenwürmern und Landasseln, 10 Minuten Herumtoben und 20 Minuten für Tee, Fruchtsaft, Kuchen und Kekse. »Jeder nimmt noch etwas Essbares mit nach Hause – Himbeeren, Erdbeeren, Salatblätter, Karotten, Rote Bete. Das ist das Wichtigste. Und natürlich der Kuchen.« Dem kann man kaum widersprechen.

Politik begegnet Polykultur

Die Ursprünge von Anni Kelseys ausdauerndem Gemüsebeet liegen in ihrem Engagement für Politik und Nahrungsmittelsicherheit. »Ich wollte schon immer mein eigenes Essen anbauen, und bereits als Teenager wurde mir klar, dass unsere Nahrungskette kaum nachhaltig ist.« Die traditionelle Aussaat von einjährigen Gemüsesorten im Frühjahr war nichts für sie. »Der Anbau von Einjährigen auf meiner Parzelle macht zu viel Arbeit, wenn man eine junge Familie hat. Das musste auch anders gehen.« Anni konzentrierte sich auf winterharte Gemüsesorten – Pflanzen, die Jahr für Jahr wiederkommen und nicht immer im Frühjahr neu angesät und herangezogen werden müssen.

»Ich besorgte mir langlebige Pflanzen und suchte Rat und Hilfe. Üblich ist der Anbau im großen Maßstab. Ich träume von einem kleinen Bauernhof in der richtigen Größe, aber das hilft mir jetzt nicht weiter, ebenso wie vielen anderen, also musste ich mich wohl oder übel einschränken. Ich wollte beweisen, dass auch Normalbürger mit gewöhnlichen Gärten diese Pflanzen kultivieren können.«

Das Ausmaß von Annis Beet wird von seiner Lage diktiert. Es entstand aus einer Gemeindewiese, die sie sich mit anderen Nachbarn teilt. »Rasen ist langweilig, und ich hasse das Mähen. Ich würde ja alles komplett zupflanzen, aber ein Beet dieser Größe stört die Nachbarn kaum.«

Links außen: Annis Beet setzt auf winterharte Pflanzen.

Links: Fenchel und Karotten wachsen außerhalb des Beets am Rand des Rasens.

Gestaltung und Pflege

Unten: Eine ausdauernde Anpflanzung ist auch auf noch kleinerem Raum im Blumentopf vor der Haustüre möglich.

Unten Mitte: Oka, Salat und Dill wachsen in Gemeinschaft gut.

Unten rechts: Mashua im winterharten Beet.

Gegenüber links: Zwischen den winterharten Pflanzen gedeihen auch Saubohnen.

Gegenüber Mitte: Rattenschwanzrettich entwickelt Wurzeln und essbare Schoten.

Gegenüber rechts: Zucchini wachsen zwischen den winterharten Pflanzen.

Vor der Bepflanzung grub Anni die Grasnarbe um und füllte das Bodenniveau mit Kompost, Grünschnitt sowie organischem Material aller Art auf. Das Beet wird regelmäßig mit abgestorbenen Pflanzen und Rasenschnitt belegt, die dann an Ort und Stelle verrotten. »Bei mir geht kein potenzieller Dünger verloren. Alles muss der Erde wiedergegeben werden.« Allerdings versteckt sie den Grünschnitt hinter einem Geflecht aus Haselstecken, damit der Anblick die Nachbarn nicht stört. Die Bodenverbesserungsmaßnahmen trugen dazu bei, die ungünstige Beschaffenheit der Erde am Rand eines Höhenzugs in Wales auszugleichen. »Der Boden besteht aus Lehm und Schiefer. Darin graben wollte ich nicht, also musste ich das Beet darüber anlegen.«

Die Polykultur – also viele Pflanzen, die gemeinsam wachsen – trägt zur Gesundheit der Anpflanzung bei, weil die Vielfalt es Schädlingen schwer macht. Anni baut winterharten Grünkohl und Winterzwiebeln, Artischocken, Klettenwurzel, Zuckerwurz (»ein Wurzelgemüse, das geschmacklich zwischen Karotte und Pastinake angesiedelt ist«), Daikon-Rettich, Mashua (eine Hackfrucht aus den Anden) und Walderdbeeren an. Dazwischen gedeihen einige wenige Einjährige wie Zucchini und Saubohnen sowie Ringelblumen, Kosmeen und Dahlien. »Die Dahlien kann man essen. Aus den Knollen macht man Rösti.«

Das Beet verlangt kaum Unterhalt. »Die Artischocken habe ich einmal gegossen und einige Butterblumen ausgerupft, ansonsten werden nur die Grünabfälle ausgebracht. Die müssen ja irgendwohin! Es geht hier buchstäblich darum, wie man mit Nichtstun aus diesem Fleckchen das Maximum herausholt.«

Rechts: Die Apfelbäumchen im Topf wurden für den Garten gespendet.

Unten: Als Unterwuchs wurden Kräuter gepflanzt, um den Platz auszunutzen.

Obst und Gemüse, wie es im Buche steht

Wo früher Autos und Fahrräder parkten, breitet sich vor der Chiswick-Bücherei jetzt ein schöner und ergiebiger Nutzgarten aus, der nur 2 × 3 Meter groß ist. »Es sah desolat aus«, erinnert sich Stella Hawkins, die Leiterin von drei Bibliotheken im Londoner Stadtbezirk Hounslow. »Eine Betonfläche mit Fahrradständern, die wir herausputzen wollten.« Unterstützung bekamen die Bibliothekare von Abundance London, einer Organisation, die ursprünglich gegründet wurde, um ungeerntetes Obst vor dem Verrotten am Baum zu bewahren und zu verwerten. »Die Gärtner der Villa Chiswick House boten uns einige überzählige Bäumchen an«, berichtet Sarah Cruz, Mitgründerin von Abundance. »Wir reichten sie an die Bücherei weiter und halfen bei der Gestaltung dieses Gartens.«

Die Bücherei ließ sich diese Gelegenheit nicht entgehen. »Wir bauten ein Labyrinth aus Strohballen, passend zum Sommerlesethema für die Kinder, ›Geheimnisvolles Labyrinth‹. Das kam sehr gut an. Wir boten dort Veranstaltungen an, mit Geschichtenerzählern und einer Dichterperformance. Die Kinder bastelten Obst und Schmetterlinge aus Papier, machten Zeichnungen und hängten sie dann in die Äste.« Schilder am Gemüsegarten laden die Passanten ein, zu pflücken und zu probieren. Stella glaubt, dass das die Attraktivität der Bibliothek steigert. »Die Bücherei hatte den Ruf, eine Enklave der Mittelklasse zu sein. Unser Auftrag lautet, isolierte Menschen in der Gemeinde und Familien in schwierigen Verhältnissen zu erreichen. Der Garten hilft uns dabei.«

Rechts: Hier war früher ein Parkplatz.

Gestaltung und Pflege

Abgesehen von einem schmalen Streifen entlang des Gebäudes, auf dem die Gruppe Artischocken und Beeren gepflanzt hat, ist der Rest des Gartens auf Asphalt gebaut. Diese undurchdringliche Unterlage verlangte nach pfiffigen Lösungen. Das niedrige Mäuerchen vor der Bibliothek dient als eine Wand des Hauptbeets, während die drei anderen aus zusammengenagelten Holzstücken bestehen. Diese Verschalung wurde mit Kompost aufgefüllt (der jährlich ergänzt wird) und dann mit Bohnen, Tomaten und Kapuzinerkresse bepflanzt. Das Gießen ist Stella zufolge kein Problem. »Einige der Bibliothekare haben sich der Sache angenommen. Auch wenn zuweilen des Guten zu viel getan wird, lernen doch alle daraus.«

Die gespendeten Bäumchen stehen in Töpfen, die mit leuchtend blauem Sackleinen überzogen sind. Sarah hat Kräuter dazugepflanzt, Zitronenverbene, Schnittlauch, Salbei und Thymian, um den Platz bestmöglich auszunutzen. Ums Ernten muss sich niemand Gedanken machen. Die Schilder, die zum Pflücken und Probieren einladen, sind ein Erfolg. Sobald die Bohnen und Tomaten Anzeichen der Reife zeigen, wird zugegriffen.

»Zum Auftrag der Bücherei gehört es, die Volksgesundheit zu fördern. Wir beweisen, wie einfach es ist, selbst frisches Gemüse zu züchten, auch auf kleinem Raum, sogar in einem Blumentopf. Viele Kinder erfahren bei uns staunend, dass Essen tatsächlich in der Erde wächst. Der Büchereigarten stellt für sie den Bezug zur Natur her.«

Links: Der Garten liegt entlang der Straße. Passanten dürfen Gemüse und Kräuter pflücken.

Oben: Strohballen animieren Kinder zum Spielen.

Unten links: Der Garten setzt den öffentlichen Auftrag der Bücherei um.

Unten rechts: Bibliotheksbesucher freuen sich, wenn sie etwas ernten können.

Schlüssel(loch) zur besseren Zukunft

Es gibt bessere Gegenden als Lesotho, um Gemüse anzubauen. Das hochgelegene Terrain ist felsig und das Klima extrem: sehr heiß im Sommer, sehr kalt im Winter, mit heftigen Regengüssen und Hagelstürmen. Die völlig von Südafrika umschlossene Enklave importiert den Großteil ihrer Nahrungsmittel. Mankutloang Monmaheng baut seit jeher ihren eigenen Mais an, aber mit Unterstützung der britischen Hilfsorganisation »Send a Cow« hat sie einen »Schlüsselloch-Garten« angelegt, der ihr sehr viel nahrhaftere Kulturen liefert. Im Grunde sind das kreisförmige Hochbeete, die sich besonders für Landbau in Gegenden mit unfruchtbarer Erde eignen, weil sie kleine Inseln nährstoffreicher Erde bilden. Errichtet werden sie mit Material, das am Ort verfügbar ist: Anstelle von Ziegeln oder Steinen können Bauern mit Sand gefüllte Plastikflaschen verwenden, was die Sache stark vereinfacht. »Jetzt kann ich Spinat ziehen, Blattgemüse, Karotten, Chilis, Tomaten, Bohnen und Pfefferschoten. Die größere Auswahl verdanke ich dem Schlüsselloch-Garten. Wann immer ich Hunger habe, esse ich jetzt«, sagt Mankutloang.

Die Form der Anbaufläche gibt ihr den Namen: ein Durchlass im Ring, der als Zugang zum Inneren dient, und ein »Kompostkorb«, ein tiefes Loch in der Mitte. Mankutloang wirft alle Küchenabfälle in den Kompostierer, wässert ihn in Trockenperioden und deckt ihn gegen die Verdunstung mit Stöcken ab. Während der Abfall verrottet, hält er den Rest des Beetes feucht und nährstoffreich und schafft so eine Insel der Fruchtbarkeit.

Gegenüber: Mankutloang und ihr »Schlüsselloch-Garten«

Unten: Der Boden in Lesotho ist nährstoffarm, nur wenige Kulturpflanzen gedeihen hier.

Oben: Rote Bete wachsen im Schlüsselloch-Garten.

Oben rechts: Der Bau der Gärten ist Gemeinschaftsarbeit.

Gestaltung und Pflege

Schlüsselloch-Gärten sind nur eine Technik von mehreren, mit denen »Send a Cow« den Bauern von Lesotho Anregungen gibt, wie sie ihre Produktivität erhöhen können. Die Familien sollen irgendwann ihren Lebensunterhalt selbst erwirtschaften, damit die Männer und Jungen ihre Jobs in den südafrikanischen Minen aufgeben können. Obwohl die Schlüsselloch-Gärten vor allem für raue Klimazonen wie diese gedacht sind, kann man sie auch in freundlicheren Gefilden nutzen, vor allem, wenn Platz knapp ist. Der Bau erfordert Können und Zeit (in Lesotho von Unterstützern aus der Bauernschaft vermittelt), aber einmal vollendet, benötigen diese Gärten kaum Pflege und sind äußerst ergiebig.

Für ihr drei Meter breites Beet legten Mankutloang und ihre Unterstützergruppe zunächst den Grundriss fest. Mit zwei durch eine Schnur verbundenen Stöcken, von denen einer im Boden steckt, markierten sie einen Kreis mit einem halben Meter Radius, danach einen zweiten mit einem Radius von eineinhalb Metern. Um den inneren Kreis wurden Pfosten eingeschlagen und mit einer Schnur gesichert: der Komposter. Dann entstand aus Steinen die äußere Mauer, inklusive eines V-förmigen Zugangs. Der zentrale Korb wurde mit Kompost, anschließend das Beet mit einer Mischung aus Kompost und Humus aufgefüllt, vom Korb zu den Außenwänden hin abfallend. In die abfallende Fläche pflanzten sie Gemüse, während Küchenabfälle und Wasser in die Mitte geschüttet wurden. Mankutloang ist eine bedingungslose Anhängerin der Methode: »Wenn du kein Gemüse anbaust, musst du verrückt sein. Du kannst essen, was du selbst gezogen hast. Mehr geht kaum, eine bessere Methode gibt es nicht.«

Oben links: Mankutloang freut sich über ihren Garten.

Oben rechts: Mangold und Paprikaschoten wachsen gut.

Praxistipp: Unterwuchs gezielt einsetzen

Unterwuchs hilft dabei, zusätzliche Pflanzen auf kleinem Raum unterzubringen. Das funktioniert besonders gut bei großen, langlebigen Pflanzen wie Zwergobstbäumen und in Töpfen mit einer größeren Kompostoberfläche. Kräuter wie die Minze stellen nicht nur einen idealen Unterwuchs dar, sie tragen symbiotisch zum Wohlergehen ihres Wirts bei: Die ätherischen Öle in ihren Stengeln und Blättern vertreiben Schädlinge, während ihre Blüten Bestäuberinsekten anziehen. Rosmarin ist ein guter Unterwuchs für Zwergnektarinen, weil beide zur gleichen Zeit im Frühjahr blühen, wenn noch wenige Bestäuber unterwegs sind. Sie werden vom Rosmarin angelockt und ziehen dann zu den Nektarinenblüten weiter.

1. Zuerst wird eine frische Lage Komposterde aufgebracht, die beiden Pflanzen neue Nährstoffe spendet.

2. Als Unterwuchs wurde für dieses Beispiel Minze ausgewählt.

3. Die Pflanze in Stücke zerlegen, die Wurzeln haben. Um die große Pflanze herum einsetzen und gut festdrücken.

4. Die eingesetzten Pflanzen gießen und regelmäßig ernten. Minze nicht beschneiden (oder allenfalls geringfügig), wenn sie blühen und Bestäuber anlocken soll.

Pflanzen auf Wanderschaft

Pflanzen gehören gewiss nicht zu den Nomaden, aber ihre geringen Ansprüche lassen sich leicht befriedigen, und dann kann man sie überallhin mitnehmen. Die Gärten in diesem Kapitel sind nicht nur klein, sondern auch mobil, und lassen sich dorthin bringen, wo man sie gerade braucht. Dazu gehört der Schubkarrengarten, den man vom Schatten in die Sonne schiebt, aber das Prinzip funktioniert auch im größeren Maßstab: Ein Gärtner kann den Anbau von Nahrungsmitteln in die Stadt verlegen und damit in die Nähe der Abnehmer bringen.

Schubkarre zum Anbeißen

Fiona Blackmores Gartenplanungen spielen sich eigentlich nicht im kleinen Maßstab ab. Die Gärtnerei Pennard Plants, in der sie arbeitet, belegt 3000 Quadratmeter Grundfläche, eingefasst von schönen roten Ziegelmauern, also mehr als ausreichend für gärtnerische Experimente. Fiona weiß jedoch, dass für die meisten ihrer Kunden das genaue Gegenteil gilt: »Wir stellen viel auf Gartenmessen aus – die Besucher wollen vor allem wissen, welche Pflanzen für kleine Gärten geeignet sind.« Eine ausgediente Schubkarre, die auf dem Gelände herumstand, erschien ihr daher als das ideale Demonstrationsobjekt dafür, was auf kleinster Fläche möglich ist. »Sie lässt sich leicht auf den Transporter und an den Messestand und wieder zurück schieben. Besser geht's nicht.«

Das Beet in der Schubkarre ist ein wahres Mehrzweckwunder, findet sie: »Die vielen aromatischen Kräuter sind sehr praktisch, wenn man Essen unter freiem Himmel zubereitet – man schiebt die Karre einfach in die Nähe des Grills. Und mit den sonnenliebenden Kräutern hat man auch in kleinen Gärten kein Schattenproblem mehr, weil man einfach der Sonne folgt.«

Fiona hat sich für kleinwüchsige, eher ausgefallene Sorten entschieden, die sich auch auf kleinem Raum jahrelang gut entwickeln können. »Es sollten hocharomatische Arten sein, die zeigen, dass auch die kleinsten Pflanzen eine enorme Wirkung entfalten können.«

Links: Die Kräuterschubkarre kann überall dort stehen, wo Fiona sie gerade braucht.

Oben: Buntblättriger Salbei, Rosmarin und Thymian gehören zu den hocharomatischen Kulturen im Schubkarren.

Gestaltung und Pflege

»Viele ausrangierte Schubkarren haben schon Löcher in der Wanne oder sind durchgerostet«, erläutert Fiona. »Wenn Ihre noch intakt ist, bohren Sie kleine Abflüsse hinein, vor allem am tiefsten Punkt der Wanne.«

Danach füllt man Allzweck-Komposterde ohne Torfanteil ein und beginnt mit dem Anpflanzen. In Fionas winzigem mobilem Gärtchen gibt sich eine beeindruckende Anzahl von Pflanzen ein Stelldichein: marokkanische Minze, Goldoregano, Italienischer Thymian der Sorte 'Faustini' (besonders kleinwüchsig), Wilde Erdbeeren, kleinwüchsiger Oregano, Knoblauch-Schnittlauch, Zitronenmelisse, Lemongras, Rosmarin, Thymian der Sorte 'Tabor' (mit großen Blättern), Tulbaghia 'Fairy Star' und Chilischoten der Sorte 'Gusto Purple'. »Ein Kriterium war bei der Auswahl neben der geringen Größe auch die Farbigkeit der Blätter. Die bunten Pflanzen verleihen dieser Art der Bepflanzung gleich eine ganz andere Optik. Sie sieht nie langweilig aus, selbst wenn gerade nichts blüht.«

Alles wurzelt direkt im Kompost, außer der marokkanischen Minze, die in einem Terrakottatopf auf der Erde steht. »Die Wurzeln der Minze breiten sich enorm aus und würden die anderen Pflanzen sehr bald verdrängen.«

Gegenüber links: Tulbaghia ist eine Verwandte der Zwiebel, Blätter und Blüten sind essbar.

Gegenüber rechts: Fiona hat die Schubkarre bepflanzt, um Kunden zu zeigen, was auf kleinstem Raum möglich ist.

Links: Nur die Minze wird im Topf gezogen.

Grüne Reisegefährten

Das ist unser Campingbus. Bei unseren Ausflügen habe ich gern einen kleinen Kräutergarten an Bord. Groß aufgekocht wird hier nicht. Während eines kurzen Wochenendtrips gibt es Bohnen aus der Dose, Rührei und etwas gerösteten Frühstücksspeck vom praktischen kleinen Kocher. Im Sommer jedoch, wenn die Campingfahrten länger dauern, kann man seine Familie nicht mehr mit schneller Küche durchbringen. Da ist Aufwendigeres angesagt: ein Salat, eine Pastasauce, ein großes Chili con carne, an dem man sich bei kaltem Wetter wärmen kann (was öfter vorkommt). Wir sprechen hier nicht über große kulinarische Würfe, aber es ist schön, wenn man die vorhandene Kochstelle gelegentlich voll ausreizen kann.

Ich liebe es, mit frischen Kräutern zu kochen, und bei den ersten Ausflügen hat mir das sehr gefehlt. Die Idee eines kleinen Gartens zum Mitnehmen war also absolut naheliegend, er ergänzte Sojasauce, getrocknete Chiliflocken und die anderen Gewürze und Kräuter aus der Dose und dem Glas, mit denen ich eine Tüte Gemüse direkt vom Bauernhof in eine Mahlzeit verwandeln kann. Ich habe mich für meine Lieblings- und Standardkräuter entschieden: Oregano für Nudelgerichte, griechisches Basilikum für Salate und Zitronenmelisse für frisch aufgegossenen Kräutertee oder gehackt für den Obstsalat. Sie geben allen frischen Mahlzeiten das gewisse Extra.

Links: Für einen belebenden Tee aus Zitronenmelisse benötigt man nur wenige Blätter.

Rechts: Lia in ihrem kleinen Campingbus.

Gestaltung und Pflege

Nahezu alle Kräuter lassen sich bestens im Topf ziehen; deswegen sollte sich ein Campinggärtner in spe auf diejenigen konzentrieren, die er am häufigsten braucht. Schließlich darf der ohnehin schon aus allen Fugen platzende Campingbus nicht überladen werden. Meine gekauften Kräuter verpflanze ich in leere Konservenbüchsen für Großverbraucher und ausgediente Wasserkessel, die Stöße aushalten können. Kräuter haben nicht gerne nasse Füße, also sorge ich für Drainagelöcher im Boden der Behälter und verwende Kompost mit hohem Sandanteil.

Unterwegs werden die Töpfe fest zwischen anderem Gepäck eingekeilt transportiert, damit sie keinen Schaden nehmen. Sobald wir uns irgendwo für ein Wochenende häuslich niederlassen, stellen wir sie an die frische Luft, damit sie Sonne und Regenwasser bekommen. Gegossen wird, sobald ein Wasseranschluss zur Verfügung steht, nicht erst kurz vor der Abfahrt, damit die überschüssige Feuchtigkeit sich während der Rückfahrt nicht als Rinnsal im Campingbus bemerkbar macht.

Kräuter sind dankbar für das Abernten: Sie wachsen dadurch nicht zu hoch und werden buschiger, also nur keine falschen Hemmungen! Pflücken Sie reichlich, es wird Ihren Kräutern gut tun, und Ihren Speisen auch. Wenn wir daheim sind, erholt sich mein Camping-Gärtchen hinter dem Haus von den Reisestrapazen und setzt neue Blätter an.

Rechts: Kräuter mitzunehmen erweitert das Spektrum der kulinarischen Möglichkeiten auf Reisen.

Links: Das mobile Kräutergärt-
chen bei unserer jüngsten Fahrt.

Landwirt auf der Ladefläche

Ian Cheney dreht Dokumentarfilme über die US-Nahrungsmittelindustrie, u. a. den preisgekrönten Film *King Corn*, für den er 4000 Quadratmeter Mais anbaute, um aus erster Hand Erfahrungen mit der höchstsubventionierten Kulturpflanze Nordamerikas zu sammeln. »Mais ist das Rohmaterial für fruktosereichen Sirup und viele Fertiggerichte und steht im Verdacht, Volkskrankheiten wie Übergewicht und Diabetes zu verursachen«, erläutert er.

»Danach war es Zeit, dass ich endlich meinen eigenen Garten anlegte.« Keine einfache Aufgabe nach seinem Umzug nach New York City. »Eigenen Grund habe ich nicht, freie Parzellen in Gemeinschaftsgärten gab es keine. Blieb nur mein 1986er Dodge-Pick-up, ein Geschenk meines Großvaters zum bestandenen College-Abschluss, für die Landwirtschaft auf der Ladefläche.«

Schon nach wenigen Tagen sprossen Salate und Radieschen zwischen den Blechwänden. Viele Kinder aus der Nachbarschaft zeigten Interesse, seither besucht Ian Kindergärten in der Umgebung. »Viele Kinder sehen zum ersten Mal, wie Nahrung wächst. Die Betreuer reagierten begeistert auf mein Angebot.«

Als sich auch noch Ians langjähriger Mitstreiter Curt Ellis im Verlauf des Sommers in New York niederließ, entwickelten die beiden Freunde das Projekt »Truck Farm« zu einem umfassenden mobilen Bildungsprogramm weiter. Sie besuchen mit ihrem Transporter, auf dem jetzt Tomaten, Calabrese-Brokkoli und Kapuzinerkresse wachsen, die Schulen im weiten Umkreis, auch über die Stadtgrenzen hinaus. Sie haben mittlerweile eine Gruppe von Nachahmern gefunden, die ebenfalls ihre Laster bepflanzen und in Schulen vorführen. »Diese Form der Landwirtschaft regt Menschen dazu an, nachzudenken und ausgetretene Pfade der Lebensmittelwirtschaft zu verlassen.«

Gegenüber: Der voll bepflanzte Garten auf der Ladefläche bietet einen überraschenden Anblick.

Unten: Zwischen den Bordwänden wird direkt in die Erde gesät.

Gestaltung und Pflege

Die Ladeflächen-Farm war rasch entworfen, und der Aufbau dauerte lediglich einen Tag – bei Gesamtkosten von gut 170 Euro. Der Boden der Ladefläche wurde mit gespendetem Belag für begrünte Dächer ausgelegt, der überschüssiges Wasser ablaufen lässt, und darauf lockere Erde ausgebracht. Darüber kam eine Lage gewöhnlicher Kompost für die Saaten. In die Ladeklappe wurde ein Stück Plexiglas eingesetzt, damit Kinder das Wachstum der Pflanzen besser beobachten können. Ian und Curt wählten traditionelle Saaten von der Seed-Savers-Tauschbörse in Iowa aus. Nach dem Sprießen wechselte Ian nur den Standort, um Schatten an heißen Tagen zu finden, mit Wasser aus dem Schlauchanschluss des italienischen Restaurants im Viertel zu gießen oder der Straßenreinigung an Montagen und Freitagen Platz zu machen.

Der begrünte Pickup hat nun drei Tourneen hinter sich, bei denen Schulen im ganzen Nordosten der USA besucht wurden. Mit Ausnahme einer durchgebrannten Zylinderkopfdichtung hat der alte Dodge immer mitgespielt. Ian und Curt konnten mit Hunderten von Schulkindern sprechen und Tausende Samentütchen verschenken. »Jeder Schulbesuch ist anders und einzigartig, aber uns beeindrucken die Wissbegierde, Vorstellungskraft und Kreativität der Schüler. Wir geben nur eine simple Botschaft weiter: Nahrungsanbau in Eigenregie macht Spaß, ist einfach, lohnend und überall möglich.«

Gegenüber links: Großwüchsige und Kletterpflanzen hangeln sich an Schnüren empor, die zwischen zwei Stäben gespannt sind.

Unten links: Ian Cheney mit seiner Farm auf dem Laster.

Links: Ein Gewächshausaufbau sorgt für ein wärmeres Wachstumsklima.

Unten links: Basilikum gedeiht.

Unten Mitte: Saaten sprießen rasch.

Unten rechts: Der Transporter kann dort abgestellt werden, wo gerade günstige Wachstumsbedingungen herrschen.

Garten im Container

Damien Chivialle, Künstler und Designer aus Zürich, hat ein in sich geschlossenes Anbausystem entworfen, das auf einen Parkplatz passt. Er suchte eine Antwort auf die Frage, wie man eine wachsende Stadtbevölkerung ernähren kann, ohne Energie dafür zu verschwenden oder Nahrungsmittel hin und her zu transportieren, und fand eine Lösung.

Er verwendet Industrie-Container und verwandelt sie in kleine, selbstregulierende Anbauflächen für eine städtische Umgebung, besonders geeignet für Regionen, die nicht für Anbau bekannt sind. Mit UFUs (Urban Farm Units) geht man den Problemen von kontaminierter oder ungeeigneter Erde sowie Straßenverkehr aus dem Weg. Mit ihrer Hilfe bringt man die wachsende Nahrung zum Konsumenten und vermeidet Luftverschmutzung und Transportkosten.

Jedes UFU bewässert und düngt die Pflanzen selbsttätig, und zwar völlig biologisch. Es handelt sich um ein Gewächshaus auf dem Dach eines Containers, auf dessen geringer Grundfläche Früchte, Gemüse und sogar Fische gezüchtet werden können. Weil es für eine städtische Umgebung entworfen wurde, musste sich der fragile Teil – das Gewächshaus – in möglichst großer Höhe befinden. Sobald das UFU seinen festen Platz gefunden hat, kommen Stabilität und Geschlossenheit des Containers zum Tragen. Pflanzen wachsen als Hydrokultur im Gewächshaus, während Süßwasserfische in großen Tanks im Container selbst leben. »Für mich lautet die Frage: Kann die konsumierende Stadt zur produzierenden Stadt werden?«, sagt Damien. »Deswegen habe ich diese Aggregate entworfen. Das ist ein Weg, wie es geht.«

Links: Im speziell für Städte entworfenen UFU wächst selbsttätig Nahrung heran.

Gegenüber: Die Größe entspricht der eines gewöhnlichen Parkplatzes.

Ganz oben: Das Gewächshaus liegt hoch genug, um nicht beschädigt zu werden.

Oben: Einmal in Gang gesetzt, benötigt das UFU kaum Eingriffe von außen.

Rechts: Kulturen reifen im Gewächshaus.

Gestaltung und Pflege

Von außen betrachtet wirkt ein UFU zweckmäßig und schmucklos. Unabhängig von allen möglichen Verschönerungsansätzen bleibt ein Container immer das, was er ist. Die wahren Vorzüge verbergen sich im Inneren. Im unteren Bereich befinden sich drei große Behälter für Süßwasserfische. Das Wasser daraus wird durch Filter und Reiniger gepumpt, in denen die Fischexkremente in Mineralien und Bakterien getrennt werden. Das Wasser wird dann in die Hydrokultur-Schläuche des Gewächshauses geleitet. Es gibt keine Erde in diesem geschlossenen System. Stattdessen wurzeln die Pflanzen direkt im nährstoffreichen Wasser aus den Fischtanks. Kein Tropfen geht verloren, weil es danach wieder in die Fischtanks zurückfließt. Zusätzlicher Dünger ist unnötig. »Solange die Fische biologisch gefüttert werden, ist auch alles andere, was das System hervorbringt, biologisch«, erklärt Damien.

Inzwischen wird auf diese Weise an den verschiedensten Standorten in Städten Nahrung erzeugt. In Paris enthält eine UFU-Einheit 160 Pflanzen und eine Karpfenzucht, ausreichend für zehn Konsumenten. In Rotterdam sind es 320 Pflanzen, verbunden mit einer Flussbarschzucht, ausreichend für 20 Menschen. In drei UFUs in Istanbul wachsen 384 Pflanzen und afrikanische Buntbarsche für 24 Menschen. In Brüssel sind es Aale, in Montreal Forellen. Kein schlechtes Resultat: Obst, Gemüse und Fisch, alles auf der Fläche eines gewöhnlichen Parkplatzes.

Links: Im Container-Inneren befinden sich die großen Tanks für die Fische.

Praxistipp: Richtig düngen

Zu den schwierigeren Aufgaben beim Anbau von Topfpflanzen gehört die Fruchtbarkeit. Komposterde enthält meist Nährstoffe, die aber entweder von der Pflanze aufgezehrt oder vom Gießwasser in wenigen Monaten ausgelaugt werden. Wenn dieses Stadium erreicht ist, muss man nachlegen. Wir zeigen einige Methoden, wie man es richtig macht.

1. Beinwell wächst wegen seiner tiefen Wurzeln nur im Freiland. Eine nährstoffreiche Jauche setzt man aus etwa einem Kilogramm grob zerkleinerter Blätter an, die in einem Kunststoffeimer mit Deckel in zehn Litern Regenwasser einige Monate verrotten. Täglich umrühren, bis sie gegoren sind (die Jauche schäumt dann nicht mehr).

2. Die Jauche im Verhältnis 1:10 verdünnen, dann als Gießwasser oder aus der Sprühflasche auf die Blätter verteilen. Durch den hohen Kalisalzanteil eignet sie sich besonders für Tomaten oder andere Pflanzen, die blühen und Frucht tragen sollen. In der Wachstumsphase wöchentlich verwenden.

3. Mit der Zeit fällt der Kompost in Dauerpflan-
zungen in sich zusammen und muss aufgefüllt
werden. Eine frische Lage bringt neue Nährstoffe
und verbessert die Erde, die zusätzlichen Dünger
besser bindet.

4. Langzeitdünger wie Hühnermist-Pellets geben
Ihrer Pflanze so viel Nahrung, dass Sie auf Flüssig-
dünger verzichten können. Auf der Kompostoberfläche verteilen, sodass 50 Gramm auf einen
Quadratmeter kommen. Alle vier bis sechs Wochen
auffrischen.

Gartenminiaturen

Wir kommen zu den kleinsten Gärten in diesem Buch, die von einem Hängesalat bis zum quadratmetergroßen Beet reichen. Jeder dieser Minigärten dient einem besonderen Zweck: In einem wachsen fast ausschließlich Kräuter für den Tee, ein anderer liefert Sprossen für den Snack und ein weiterer lässt Schnecken keine Chance, sich am Salat gütlich zu tun. Und selbst ein Fensterbrett bietet die Gelegenheit, um knackiges Gemüse selbst anzubauen.

Teestunde in der Schäferhütte

»Hier verbringe ich eine Menge Zeit«, sagt der Fotograf und Autor Mark Diacono über die Schäferhütte in seinem Garten. »Hier schreibe ich, und wenn ich mitten drin in einem Projekt stecke, können es schon einmal 60 Stunden in der Woche werden.«

Mark hat seinen »Teegarten« angelegt, um sich während seiner langen Schreibsitzungen etwas Gutes zu gönnen. »Hier drin habe ich einen kleinen Herd und einen Wasserkessel. Ich pflücke ein paar Blätter und braue mir einen richtig erfrischenden Tee. Er macht mich munter, wenn ich müde werde.«

Mark nennt noch einen weiteren Grund: »Ich liebe Düfte, also umgebe ich mich mit herrlich aromatischen Kräutern. Ich schreibe über meinen Garten und das, was ich hier anbaue. Die Schäferhütte habe ich gekauft, um meine Pflanzen um mich zu haben, wenn ich schreibe. Mit dem Duft der Kräuter an meinen Fingern fühle ich mich mit meiner Umgebung stärker verbunden.«

Auch während der Zubereitung seines Mittagessens muss er die Hütte nicht lange im Stich lassen. »Unter den Stufen zu meiner Hütte wächst Szechuanpfeffer, den ich sehr gerne mag, und die zerdrückten Blätter rieche ich unheimlich gerne. Es würde mir schon reichen, im Vorbeigehen an ihnen entlang zu streifen. Wenn ich Lust habe, sammle ich ein paar Eier von den Hühnern hier im Garten ein und mache mir ein Omelette mit viel Szechuanpfeffer.«

Links: Mark sitzt auf den Stufen zur Schäferhütte, in der er schreibt.

Oben: Kräuter für den Tee wachsen auf den Stufen.

Rechts: Die Schäferhütte steht im Gemüsegarten.

Links: Die Kräuter helfen Mark, mit dem Garten eins zu sein, über den er schreibt.

Oben: Szechuanpfeffer duftet würzig und verfeinert Marks Omelettes.

Gestaltung und Pflege

Marks Lieblingsteepflanze ist die Zitronenmelisse. »Der Tee schmeckt sehr rein und frisch nach Zitrone, aber sehr weich, sorbetartig. Den würde ich auf eine einsame Insel mitnehmen.« Manchmal mischt er sie mit marokkanischer Minze, einer von mehreren Minzesorten, die er griffbereit auf den Stufen zieht. »In aromatischer Hinsicht geht nichts über marokkanische Minze. Einige Blätter Zitronenmelisse und marokkanische Minze passen perfekt zusammen.«

Tasmanische Bergminze wiederum sorgt für ein etwas anderes Geschmackserlebnis. »Sie ist auch sehr aromatisch, aber ein bisschen würziger als marokkanische Minze.« Die grüne Minze der Sorte 'Kentucky Colonel' verwendet er nicht für Tees, sondern für Cocktails: »Mint Juleps«. »Zuerst die Blätter auf den Boden des Glases legen, Zuckersirup darübergießen, dann Bourbon und zerstoßenes Eis hinzufügen. Ich versuche, nicht allzu viele davon zu trinken, wenn ich arbeite.« Basilikumminze schließlich verfeinert das Omelette mit Szechuanpfeffer.

Ganz oben auf der Treppe wachsen Duftnesseln. »Auch eine großartige Teepflanze, mit einem Geschmack zwischen Anis und Minze.« Der Duft ist überwältigend und lockt Bienen und Schmetterlinge in diese Ecke des Gartens.

Die Treppe liegt teilweise im Schatten, ideal für Minzepflanzen. »Sie mögen Schatten und sollten in Töpfen gezogen werden, weil sie sich im Freiland sonst zu sehr ausbreiten. An meinem herrlichen Teegarten auf der Treppe kann ich mich immer wieder erfreuen.«

Oben links: Tasmanische Bergminze liefert intensiv schmeckende Blätter.

Oben Mitte: Hier reift grüne Minze der Sorte 'Kentucky Colonel' für Cocktails.

Oben rechts: Marks Minzepflanzen mögen den schattigen Standort auf der Treppe.

Sprossen für die Sprösslinge

Als er die Vorliebe seiner Söhne für Alfalfa bemerkte, begann Reuben Milne Sprossen auf dem Fensterbrett seines Hauses in Bedfordshire zu züchten. »Die Jungen vertilgen Unmengen Alfalfa, so unglaublich das auch klingt. Das ist gut für sie, also mache ich das Beste daraus und sorge für ständigen Nachschub.« Ein frischer Keimling enthält all das Gute, das Kinder normalerweise nie zu sich nehmen wollen: Aminosäuren, Enzyme, Vitamine, Proteine und Ballaststoffe. Kein Wunder, dass Reuben den Wünschen seiner Kinder nachgab.

»Sprossen machen Spaß und sorgen für naturkundliche Aha-Erlebnisse, ohne dass die Jungs den erzieherischen Aspekt bemerken«, ergänzt er. Keimlingen beim Wachsen zuzusehen erfordert keine lange Aufmerksamkeitsspanne. Die Zucht auf dem Fensterbrett ermöglicht Archie (6) und Oscar (9), die Früchte ihrer gärtnerischen Arbeit nach wenigen Tagen zu genießen. »Das Quellen und die Keimung beginnt fast unmittelbar, vor ihren Augen«, erklärt Reuben. »Innerhalb von ein oder zwei Tagen zeigen sich die Keimspitzen und können verzehrt werden, ein fast augenblickliches Resultat.« Nicht alles wird roh gegessen, manches findet sich in den warmen Mahlzeiten wieder. »Pfannengerührtes gehört zu meinen Spezialitäten«, sagt Reuben, »deshalb ziehe ich meine eigenen Bohnensprossen. Sie sind nicht wie aus dem Supermarkt, viel kleiner und nussiger, aber eine großartige Beilage.«

Links: In Gläsern keimen Sprossen von Kichererbsen, braunen Linsen, Alfalfa, Mungobohnen und Sonnenblumenkernen.

Rechts: Die Jungen verschließen die Gläser mit buntem Stoff, damit sie auf dem Fensterbrett gut aussehen.

Gestaltung und Pflege

Um seine Söhne bei der Stange zu halten, brachte Reuben sie dazu, die Saaten in Glasbehältern zu ziehen. Auf diese Weise sehen sie alle Schritte des Wachstums, vom Saatkorn bis zur verzehrfähigen Sprosse. Stolz haben sie alle Gläser auf dem Fensterbrett aufgereiht. »Im Moment sind es Sonnenblumenkerne, aus denen große, grüne, milde, knackige Sprossen wachsen, und Linsen. Die sind besonders schmackhaft. Für den Fall, dass die Jungen etwas naschen wollen, stehen jederzeit Alfalfasprossen bereit. Die Mungobohnensprossen verwende ich gern in Pfannengerichten, auch die von Kichererbsen sind gut. Sie sind die stämmigsten von allen.«

Jede neue Saat beginnt mit dem nächtlichen Einweichen. Morgens stülpen die Jungen dann die selbstgemachten Kappen aus bunten Stoffresten über die Gläser, befestigen sie mit Gummibändern, ehe sie das Wasser abgießen. Danach werden die Saaten relativ trocken gehalten, aber jeden Tag gespült. Das hält sie feucht und frisch. »Es ist wichtig, dass man sie leicht spülen und abgießen kann, besonders wenn Kinder im Spiel sind, sonst geht das Ganze schief und die Ergebnisse lassen zu wünschen übrig«, betont Reuben. »Das war die einfachste Methode, die ich finden konnte.« Die Saaten dürfen nicht im Wasser liegen, sonst verfaulen sie. »Die Jungen wissen jetzt, wie man sie richtig spült und abgießt, und wechseln sich jeden Tag ab. Die Saaten sind wie ein Haustier, um das sie sich kümmern müssen.«

Oben: Oscar präsentiert stolz seine Kichererbsensprossen.

Unten: Die Jungen wechseln sich beim Spülen und Abgießen ab.

Rechts: Archie liebt Alfalfasprossen.

Rechts außen: Sonnenblumensprossen sind mild und knackig.

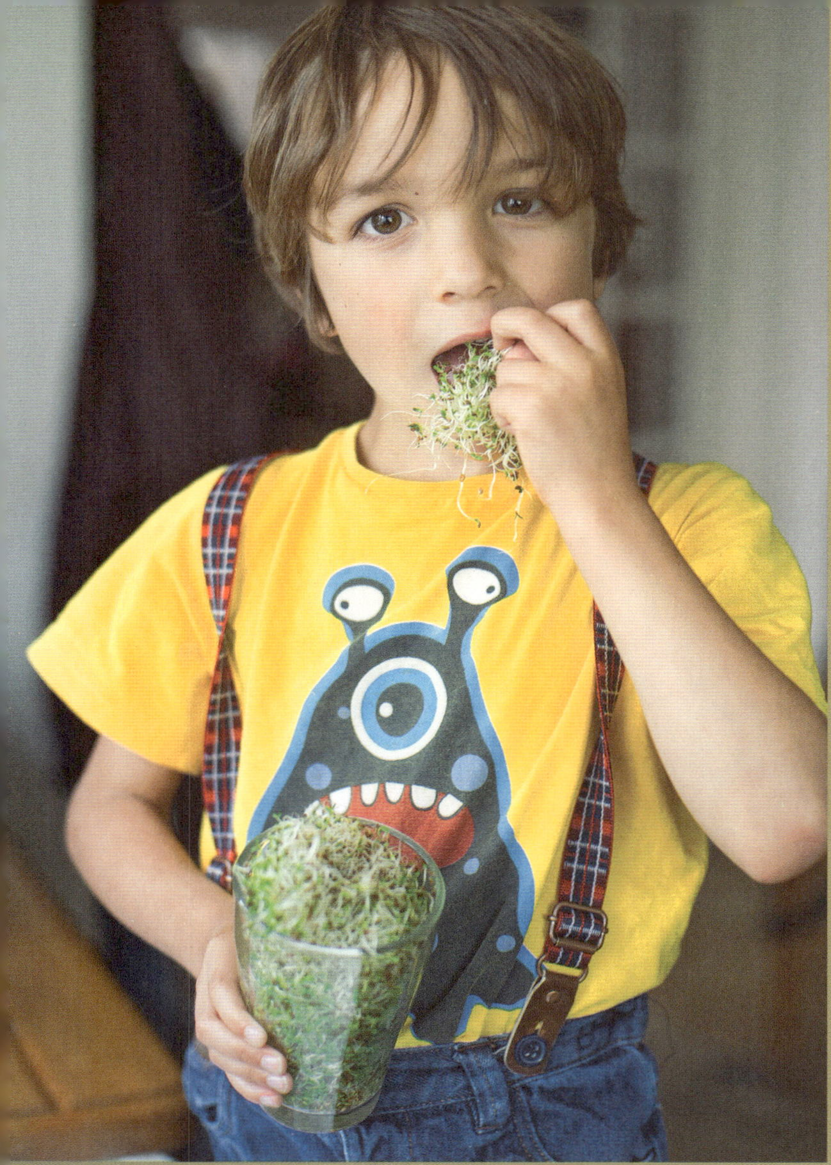

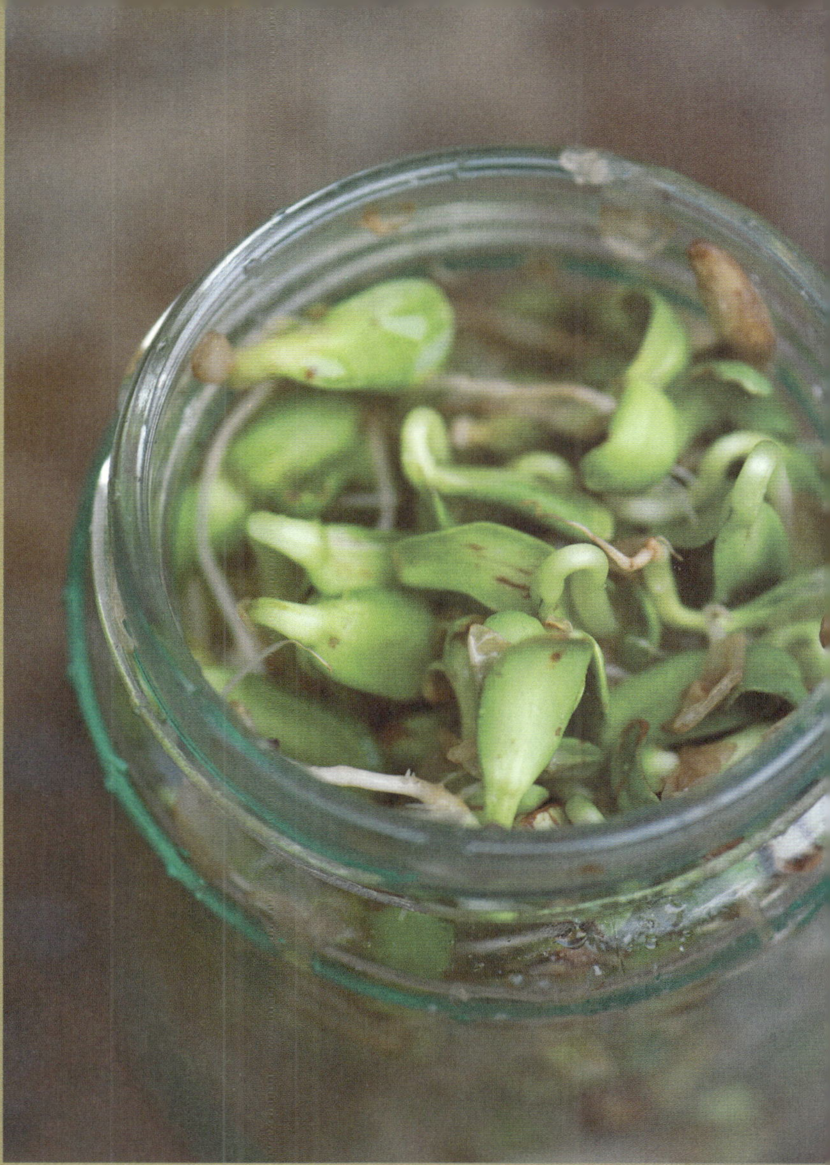

Hängender Salatgarten

Die zündende Idee mit der hängenden Salatkugel von Dawn Isaac rührte aus der unglücklichen Kombination von Gemüsebeet und Buchsbaumhecke her. »Ich liebe Buchsbaumhecken, und bei der Anlage einiger neuer Gemüsebeete beschloss ich, diese mit Buchs einzurahmen. Ich hatte nicht bedacht, dass sich die Schnecken in der Hecke verstecken und nachts herauskriechen. Vor allem die Salatpflänzchen hatten nicht den Hauch einer Chance.«

Salat hoch über dem Erdboden zu ziehen, außerhalb der Reichweite von Schnecken, ist vielleicht der einzige sichere Schutz gegen die gefräßigen Weichtiere. Seit Dawn auf ihren hängenden Garten umgestiegen ist, bleiben ihre Salatblätter verschont.

Die Salatkugel hängt in einem Teil des Gartens, in dem sich ihre Kinder häufig aufhalten, und ist auch für die 11-jährige Tochter Ava gut erreichbar, damit sie sich darum kümmern und ernten kann. »Es ist ungewohnt und ein hübscher Anblick. Sie sollten neugierig werden und Spaß daran haben«, erklärt Dawn. Durch diesen Kniff beim Gemüseanbau hoffte sie, ihren Kindern auch die Speisen nahezubringen, die sie normalerweise am wenigsten mögen. »In den eigenen vier Wänden essen sie keinen Salat oder überhaupt irgendetwas Grünes. Wenn sie im Garten mit der Nase darauf gestoßen werden, ist das etwas anderes. Sie pflücken und essen Salatblätter an Ort und Stelle, ohne lang nachzudenken. Das ist mir den Aufwand wert.«

Links: Dawn und Ava kümmern sich um die Salatkugel.

Gestaltung und Pflege

Die Salatkugel besteht aus zwei gewöhnlichen Hängekörben, die von Draht zusammengehalten werden. Das Moos, mit dem sie sorgfältig ausgelegt wurden, hat Ava auf Dawns Bitte aus dem Rasen gerecht – damit wurden zwei Fliegen mit einer Klappe geschlagen. »Man könnte genauso gut auch gekaufte Kokosmatten verwenden, aber wenn man selbst über genug Moos und fleißige Hände verfügt, kann man die ja auch nutzen.« Nach dem Auslegen wurde jeder Korb auf einem leeren Blumentopf ausbalanciert, um mit einer Mischung aus Kompost und reichlich wasserbindendem Granulat gefüllt zu werden. Letzteres wirkt einem schnellen Austrocknen entgegen.

Dawn wählte Salat der Sorte 'Green Salad Bowl' wegen seiner gerundeten, süßlich-milden, gelbgrünen Blätter, 'Lollo Biondo' wegen seiner dicht gekräuselten grünen Blätter und 'Red Batavia' und 'Green Batavia' wegen ihrer leichten Nussnote.

Sobald der Boden beider Körbe mit etwas Kompost bedeckt war, schoben Dawn und Ava die Wurzeln der Stecklinge von außen durch kleine Lücken im Moosbelag und fixierten sie durch eine weitere Lage Kompost. »So verteilen sich die Salate einigermaßen gleichmäßig, aber so genau geht es nicht. Wenn die Pflanzen wachsen, verschwinden alle kleinen Fehler unter ihnen.«

Das Zusammenfügen der beiden Hälften hat es in sich und erfordert die Hilfe mehrerer Personen sowie eine clevere Verdrahtung, dauert aber nicht lange. Die Salatkugel wird im Halbschatten aufgehängt, damit sie nicht so schnell austrocknet und weichere, üppigere Blätter hervorbringt. Was tut man nicht alles, um seinen Kindern Salat schmackhaft zu machen.

Links: Dawn wählte verschiedenfarbige und unterschiedlich geformte Salate für ihre Kugel.

Links: Die Kugel hängt so niedrig, dass Ava sie ohne Hilfe gießen kann.

Oben: Die Blätter bleiben von Schnecken verschont.

Robuste Selbstläufer

In einem verschlafenen Dorf in Somerset hat der Gärtnereibesitzer Chris Smith mehrere quadratmetergroße Beete angelegt, auf denen er demonstriert, wie viel auf kleinstem Raum wachsen kann. Neben dem Bohnenturm und dem Kräuter- und Blattpflanzenbeet ist das ausdauernde Beet wohl das interessanteste. »Während des Sommers bin ich häufig auf Gartenmessen unterwegs. Ich kann mich nicht dauernd um alles kümmern, brauche also pflegeleichte Beete. Die ausdauernde Anpflanzung ist die erfolgreichste. Die meisten Pflanzen kann man bis zur Ernte am Jahresende sich selbst überlassen.«

Zu diesem Zweck hat Chris eine ganze Reihe von ausdauernden südamerikanischen Nutzpflanzen in diesem Beet untergebracht: Die Olluco mit ihren fleischigen Blättern an der Sprossbasis setzt bunte, kartoffelähnliche Knollen an (»ohne die typischen Kartoffelkrankheiten«); die silbriggrünen Blätter des Sauerklees Oka und seine Knollen mit Zitronenaroma können roh oder gekocht verzehrt werden; Yacón wächst zu beeindruckenden Formen heran, mit ausladend herabhängenden, graugrünen Blättern; ihre großen süß-fruchtigen Knollen mit knackigem Gewebe kann man braten oder roh essen. Auf einem Gestell reifen Zitronengurken der Sorte 'Crystal Lemon' und Paprika 'California Bell'. Dieser eine Quadratmeter ist enorm fruchtbar. »Ich wollte beweisen, dass man aus einer beliebigen, winzigen Fläche immer etwas machen und darauf etwas Schmackhaftes anbauen kann.«

Links: Chris begutachtet sein pflegeleichtes Quadratmeter-Beet.

Oben: Am Dreibeingestell wächst die Gurke ´Crystal Lemon´ hoch.

Rechts: Die Olluco setzt am Ende der Saison kartoffel-ähnliche Knollen an.

Gestaltung und Pflege

Das Dreibeingestell für den Kürbis gibt dem Beet Höhe und Gliederung, aber der Yacón verleiht ihm jene gestalterische Fülle, die es von gewöhnlichen Gemüsebeeten unterscheidet.

Obwohl die Pflanzen ausdauernd sind, werden sie aufgrund ihrer Frostempfindlichkeit am Ende der Saison ausgegraben. Dann verwertet man sie entweder in der Küche oder bewahrt sie für die Wiederanpflanzung im nächsten Frühjahr auf, wenn die Frostperiode beendet ist.

Die Pflanzen bilden während der ganzen Saison ein kräftiges Blattwerk aus, entwickeln ihre Knollen aber erst, wenn die Tage kürzer werden, weswegen sie so lange wie möglich in der Erde bleiben sollten. Sie vertragen es sogar, wenn man erst nach einem leichten Frost erntet, weil die Früchte nach dem Verdorren des Blattwerks wachsen. Chris lagert die Knollen für die Neuanpflanzung in Papiertüten auf einer kühlen, trockenen und frostfreien Veranda.

Der erfolgreiche Anbau auf so geringer Fläche beruht auf reichlicher Düngung und guter Komposterde, verrät Chris. Im ersten Jahr enthält der Kompost noch reichlich Nährstoffe, aber im Lauf des Jahres bringt er zusätzlich Algendünger ein. Im nächsten Jahr bekommt das Beet eine frische Kompostlage mit neuen Nährstoffen und zusätzlichen Dünger. »Nur so erzielt man gute Ernten auf kleinstem Raum«, betont er mit Blick auf seine reiche Knollenausbeute nach einem Sommer, in dem er sich kaum um die Pflanzen gekümmert hat. »Meiner Meinung nach wäre das ein idealer Schulgarten. Die Kinder könnten ernten, wenn die Schule im Herbst wieder begonnen hat. Da macht der Schulanfang doch Spaß!«

Links: Die Knollen des Oka-Klees können gegart oder roh gegessen werden und schmecken ein wenig nach Zitrone.

Praxistipp: Exotisches Gemüse aus dem Spülstein

Gemüsegärten müssen im Winter nicht brachliegen. Viele Nutzpflanzen kann man auch in den kalten Monaten anbauen. Dazu gehören besonders Schnittsalate, sogenannte »Oriental Greens«. Es gibt sie in verschiedenen Konsistenzen, Farben und Geschmacksrichtungen, vom milden, weißstieligen Pak Choi zum tiefroten, pfeffrigen Blattsenf 'Red Frills'. Nach dem Anpflanzen im Spätsommer oder Frühherbst wachsen diese Schnittsalate zu stämmigen Rosetten heran, die sich im jungen Stadium als Salate und später als Zutat für Pfannengerichte eignen. In einem ausgedienten Spülstein kann man sie zu einem bunten und blattreichen Wintergärtchen arrangieren. Auf eine Fläche von 60 × 45 Zentimeter passen etwa 25 Pflanzen.

1. Ein Bruchstück aus einem Terrakottatopf auf das Abflussloch legen, damit es nicht verstopft, dann das Becken mit gutem Mehrzweckkompost ohne Torfanteil füllen. Gut verdichten. Oberhalb der Erde einige Zentimeter Luft zum Beckenrand lassen, damit beim Gießen nichts herausschwappt.

2. Die verschiedenen Sämlinge kann man einige Wochen vorher selbst ansäen oder fertig kaufen. Ich arrangiere meine in einem Muster und beginne mit einer diagonalen Reihe.

3. Zu beiden Seiten der Diagonale wird mit Pflanzen aufgefüllt. Ein unordentliches Muster ist natürlich genauso möglich, man sollte aber genug Platz zwischen den Pflanzen lassen, damit sie gut wachsen können.

4. Wenn alle Sämlinge an Ort und Stelle sind, gut andrücken und gut wässern. Gelegentlich gießen und ernten, wenn die Blätter eine Länge von 15 Zentimetern erreichen.

Praxistipp: Kräuter-Kultur im Mini-Gewächshaus

Mini-Gewächshäuser waren in den 1970er-Jahren groß in Mode, als Gärtner darin im Wohnzimmer Farne in einer feuchtwarmen Umgebung zogen. Wie so viele andere Modeerscheinungen gerieten sie mit der Zeit aber wieder in Vergessenheit. Man kann sie relativ günstig bekommen, sie sehen hübsch aus und sind erstaunlich nützlich, weil sie auch außerhalb der eigenen vier Wände im Winter den Pflanzen etwas Schutz bieten. In meinem Mini-Gewächshaus, das hinter dem Haus steht, pflanze ich winterharte einjährige Kräuter wie Kerbel, Petersilie und Koriander. Draußen wachsen sie sehr gut, ihre Blätter geraten unter dem facettierten Glasdach zarter und schöner.

1. Kaum ein Mini-Gewächshaus verfügt über Drainage, deshalb sollte man den Boden mit einer Lage Rasen- oder Quarzsand bestreuen, gefolgt von einer Lage Aktivkohlegranulat (dieser in Wasserfiltern verwendete Stoff verhindert die Geruchsbildung im Kompost, wenn keine Drainagemöglichkeit besteht) und einigen Zentimetern Kompost.

2. Die Kräuterpflänzchen sollten einige Zentimeter hoch und pflanzfertig sein, entweder man zieht sie selbst vor oder kauft sie. Fest im Kompost einpflanzen.

3. Sorgsam wässern, dabei darauf achten, dass der Kompost feucht ist, ohne dass sich Pfützen um die Pflanzen herum bilden. Während des Winters etwa einmal in der Woche mit den Fingern fühlen, ob der Kompost austrocknet, und gegebenenfalls vorsichtig befeuchten.

4. Während des ganzen Winters ernten, dabei die Vegetationskegel intakt lassen, damit neue Blätter nachwachsen können.

Grünes Kapital

Kleinstgärten sind keine Domäne für Amateure. Auch Firmen haben das kommerzielle Potenzial längst erkannt, das im großen Geschmackserlebnis auf kleinem Raum steckt. Jeder l ebt Aromen, und in Mikrogärten reifen sie: Reize für die Sinne mit intensiver Wirkung. Die eigene Zucht in der Küche liefert zum Beispiel erntefrische Pilze, wenn man sie braucht. An den hier vorgestellten Geschäftsideen kann man sich ein Beispiel nehmen, wie man aus ganz wenig sehr viel machen kann.

Winzlinge im »Le Manoir«

Der Küchengarten von Raymond Blancs Restaurant, dem mit zwei Michelin-Sternen ausgezeichneten »Belmond Le Manoir aux Quat'Saisons« in Oxfordshire, ist alles andere als winzig. Auf 8000 Quadratmetern wachsen hier 90 Gemüsesorten und 70 Kräuterarten, die täglich in der Küche benötigt werden. Die Ecke eines der großen Folientunnel auf dem Areal ist jedoch für die »Mikros« reserviert, winzige Blattpflanzen, die ihre geringe Größe durch großen Geschmack wettmachen.

»›Mikros‹ sind die Sämlinge essbarer Pflanzen«, erklärt die Chefgärtnerin Anne-Marie Owens. »Man erntet die noch ganz jungen Pflanzen, anstatt sie reifen zu lassen, dadurch bleibt der volle Geschmack in kräftiger und reiner Form erhalten. Die Köche sind begeistert und verwenden sie zum Garnieren zahlreicher Speisen.«

Die Begeisterung geht so weit, dass Anne-Marie täglich acht bis zwölf große Schalen erntet und kurz vor Dienstbeginn um 11.45 Uhr an der Küchentüre abliefert. »Die ›Mikros‹ werden in die Konzeption der Gerichte von vornherein einbezogen«, erläutert Anne-Marie. »Die Köche geben die gewünschte Geschmacksrichtung vor – scharf, würzig, frisch, pikant – und sie bekommen von uns eine Liste der ›Mikros‹, die wir im Programm haben. Sie wählen daraus aus, und wir säen dann die entsprechenden Pflanzen.«

»Wir haben hier einen Großbetrieb, in dem die Küche wöchentlich 1000 Mahlzeiten zubereitet. Es funktioniert aber auch im Kleinen: Wenn Sie am Ende der Saison noch Saatgut übrig und ein Plätzchen auf dem Fensterbrett frei haben, können Sie dasselbe machen wie wir hier.«

Rechts: Für die »Mikros« reserviert »Le Manoir« reichlich Platz in einem seiner großen Folientunnel.

Links: Rote Bete, Koriander, Purpur-Basilikum, Roter Senf und Erbse – im Jugendstadium.

Rechts außen: Koriandersämlinge zeichnen sich durch einen starken, reinen Geschmack aus.

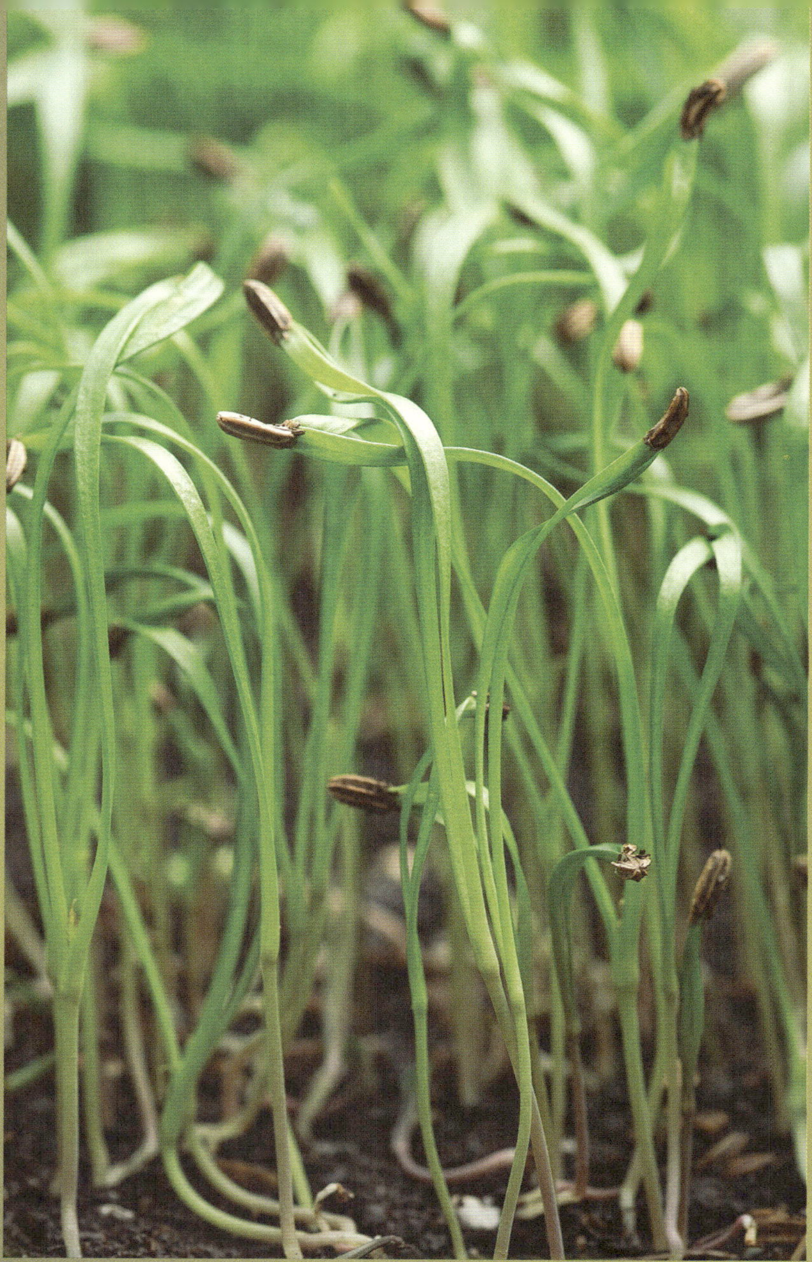
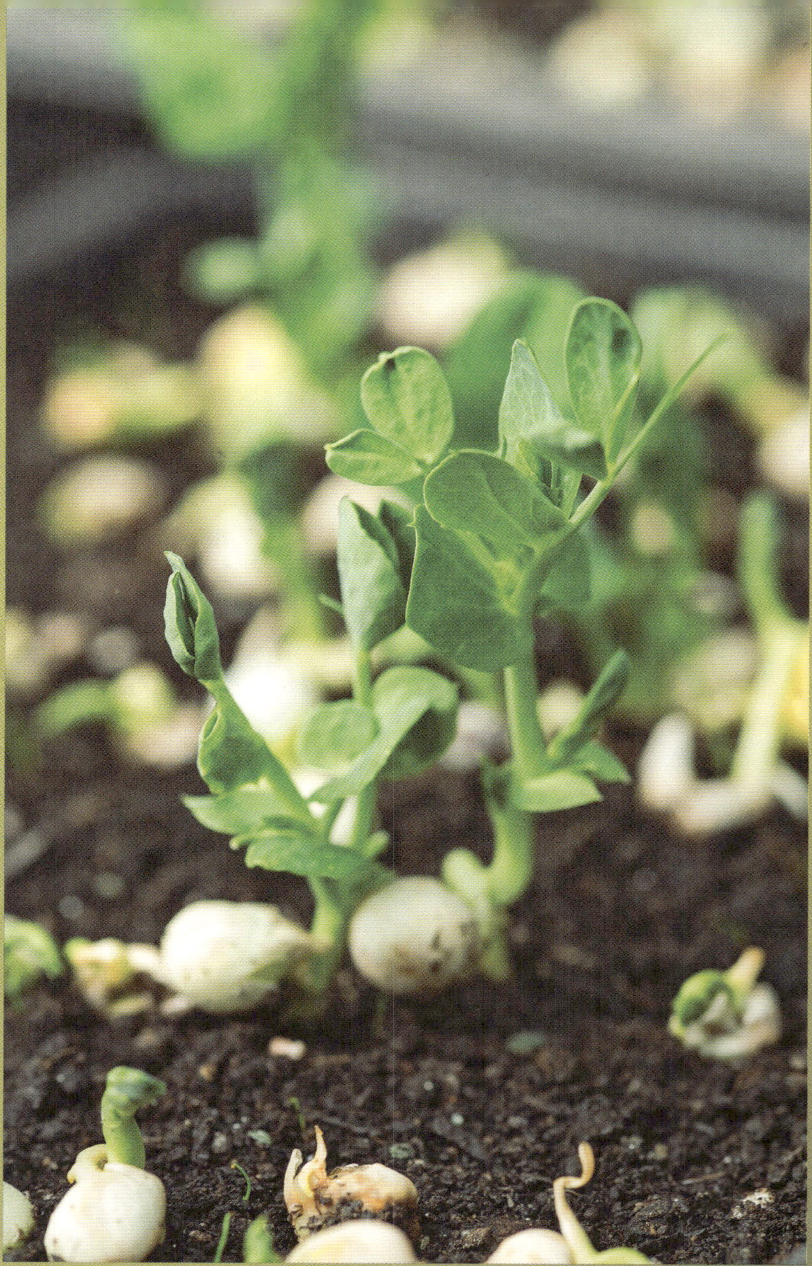

Gestaltung und Pflege

»Wir säen großzügig in die Saattröge aus, befeuchten sie und decken sie dann ab, damit sie im Dunkeln liegen«, berichtet Anne-Marie. Die Abdeckung wirkt wie eine zusätzliche Lage Kompost, ohne deren Nachteile: »Die Sämlinge sollen nicht mit Erde verschmutzt in die Küche kommen.« Sobald sich Keime zeigen, werden die Abdeckungen entfernt, und man lässt die Sämlinge zehn bis 14 Tage wachsen, je nach Pflanze und Saison.

Es sind vor allem Kräuter, unter denen Anne-Marie Dill, Koriander und Duftnessel favorisiert. Aber auch das pfeffrige Aroma von Kresse, der erdige Geschmack und die schöne Farbe von Roten Beten und die Schärfe von Rettich machen sich bereits bei Jungpflanzen stark bemerkbar. »Sellerie zeigt die Stärken unserer ›Mikros‹ besonders gut. Ich liebe den typischen starken Eigengeschmack, der in diesem Stadium ausgesprochen rein ist.«

Anne-Marie empfiehlt die Ernte unmittelbar vor dem Gebrauch in der Küche. »Die Jungpflanzen verfärben sich binnen einer Stunde braun, und der Weg zur Küche sollte bei heißem Wetter nicht allzu weit sein. Man erntet mit einer scharfen Schere und legt die Pflänzchen am besten in eine breite, flache Schale, möglichst nicht aufeinander, damit sie nicht zerdrückt werden. Die Köche lagern sie auf angefeuchteten Blättern von Küchenrollen im Kühlschrank, um sie bis zum Gebrauch frisch zu halten.« In diesem Garten bekommen selbst die kleinsten Pflänzchen eine Vorzugsbehandlung.

Links außen: Die Fenchelkeimlinge sind nahezu erntereif.

Mitte: Erbsenschösslinge besitzen bereits den ausgeprägten Geschmack.

Links: Sellerie gehört zu Anne-Maries Lieblings-»Mikros«.

Pilze aus dem Fernen Westen

Obwohl »Far West Fungi«, der Familienbetrieb der Garrones im kalifornischen Monterey County, wöchentlich Tausende von Pilzen auf etwas mehr als einem halben Hektar züchtet, ermutigt man Hobbygärtner, den Profis auf kleinstem Raum nachzueifern. »Wir bieten Zuchtsets für den Hausgebrauch an«, erzählt Ian Garrone, der den Laden der Familie in San Francisco betreibt. »Die erste Ernte ist garantiert, und bei richtiger Pflege liefert jede Minifarm bis zu einem Pfund Pilze.«

Sägemehl und Reiskleie werden zu Ziegeln gepresst, diese mit hohem Dampfdruck behandelt und dann mit Shiitake- oder Austernpilzmyzelen gespickt. In einem der Bruträume der Farm reifen sie dann heran und werden etwa eine Woche vor der ersten Ernte zum Verkauf angeboten.

»Far West Fungi« konzentrierte sich ursprünglich auf Zucht-Champignons, aber im Lauf ihres über 20-jährigen Bestehens hat sich die Firma immer mehr auf den wachsenden Markt mit Bio-Produkten eingestellt. »Die meisten frischen Pilze kamen aus China, also erweiterten wir unser Angebot um Shiitake-Pilze und noch einige andere Sorten. Das Geschäft hat sich völlig verändert. Die Zucht von Champignons haben wir aufgegeben«, erklärt der Besitzer John Garrone. Jetzt werden in Eigenregie zehn Pilzsorten angebaut und mindestens 70 im Laden angeboten. »Selbst wenn du keine Pilze magst, haben wir das Richtige für dich im Angebot. Für jeden gibt es einen Pilz«, behauptet Ian selbstbewusst.

Links: Die Mini-Farmen gedeihen unter Glasstürzen im Laden.

Rechts: Ian Garrone nimmt sich viel Zeit für seine Kunden.

Gegenüber: Im Laden werden viele Pilze aus eigener Zucht verkauft.

Gestaltung und Pflege

Unten: Die Auswahl im Laden in San Francisco ist beeindruckend.

Gegenüber oben: Porcini schmecken intensiv-nussig und weisen eine feste, buttrige Konsistenz auf.

Gegenüber Mitte: Eine Schale mit gemischten Pilzen.

Gegenüber unten: Täglich erntefrische Pilze!

Gegenüber rechts: Pink-farbene Austernpilze erinnern an Korallen.

Für die Zucht zu Hause eignen sich Shiitake-Pilze am besten, meint Ian. Pilzbruten dieser Sorte sind gut erhältlich, und man kann dann Unterlagen wie Holzstücke damit spicken. »Sie sind für den Anfänger am besten geeignet, gerade wenn die Bedingungen in den eigenen vier Wänden nicht ideal sind. Sie sind enorm ausdauernd und liefern drei bis vier Ernten über fünf Monate hinweg. Man züchtet sie wegen ihres einzigartigen Geschmacks, der sie von allen anderen Pilzen abhebt.« Daneben empfiehlt Ian Austern-Seitlinge, die fleischig sind und an Muscheln erinnern.

Die Zuchtsets stecken in Kunststoffhüllen mit Belüftungslöchern, die die Luft für die heran-wachsenden Pilze gleichmäßig feucht halten. »Im Laden präsentieren wir die Sets unter Glas-stürzen, damit sie gut aussehen, aber zu Hause müssten Sie die Glasstürze auf kleine Holzblöcke stellen, um die Luftzirkulation zu gewährleisten.« Kühle Räume ohne Zugluft oder direkte Lichteinstrahlung sind ideal. Es reicht, wenn man die Innenseite der Kunststoffhülle oder des Glases mit einer Sprühflasche befeuchtet, mehr Wasser ist nicht nötig. Wenn das Wachstum der Pilze einmal eingesetzt hat, kann man bald ernten. Ian ist überzeugt, dass sich das Konzept auf kleinem Raum ausgezeichnet umsetzen lässt: »Viel Platz ist nicht nötig, und der Anbau ist simpel – dafür bekommt man eine schmackhafte und ungewöhnliche Ernte.«

GO GIANTS!
GIANT PORCINI
14
lb.

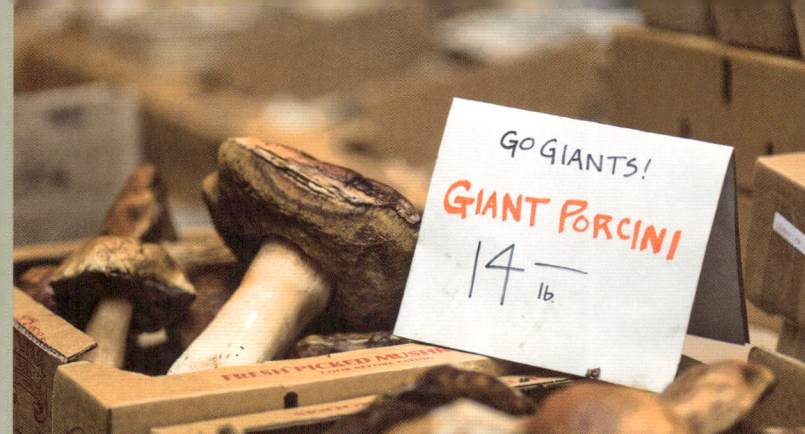

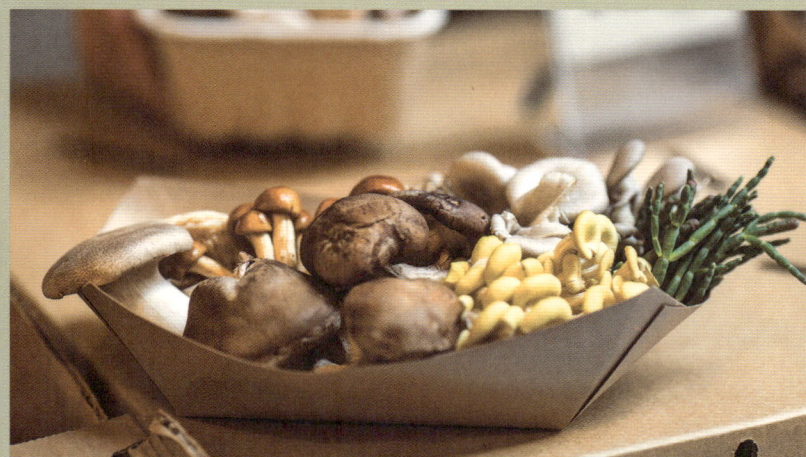

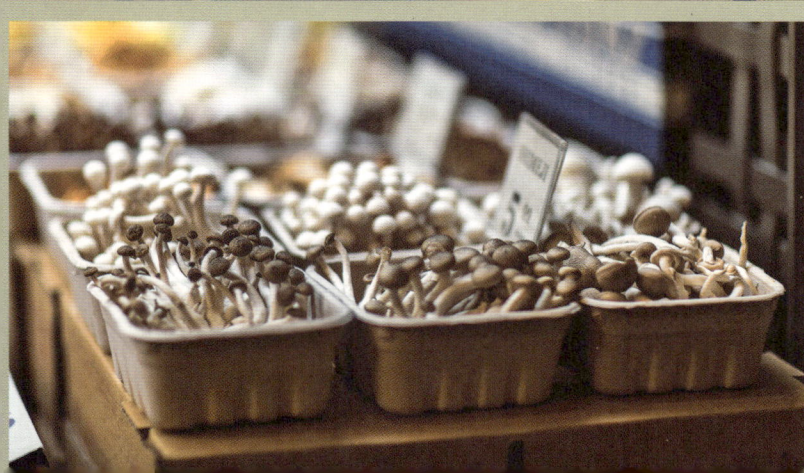

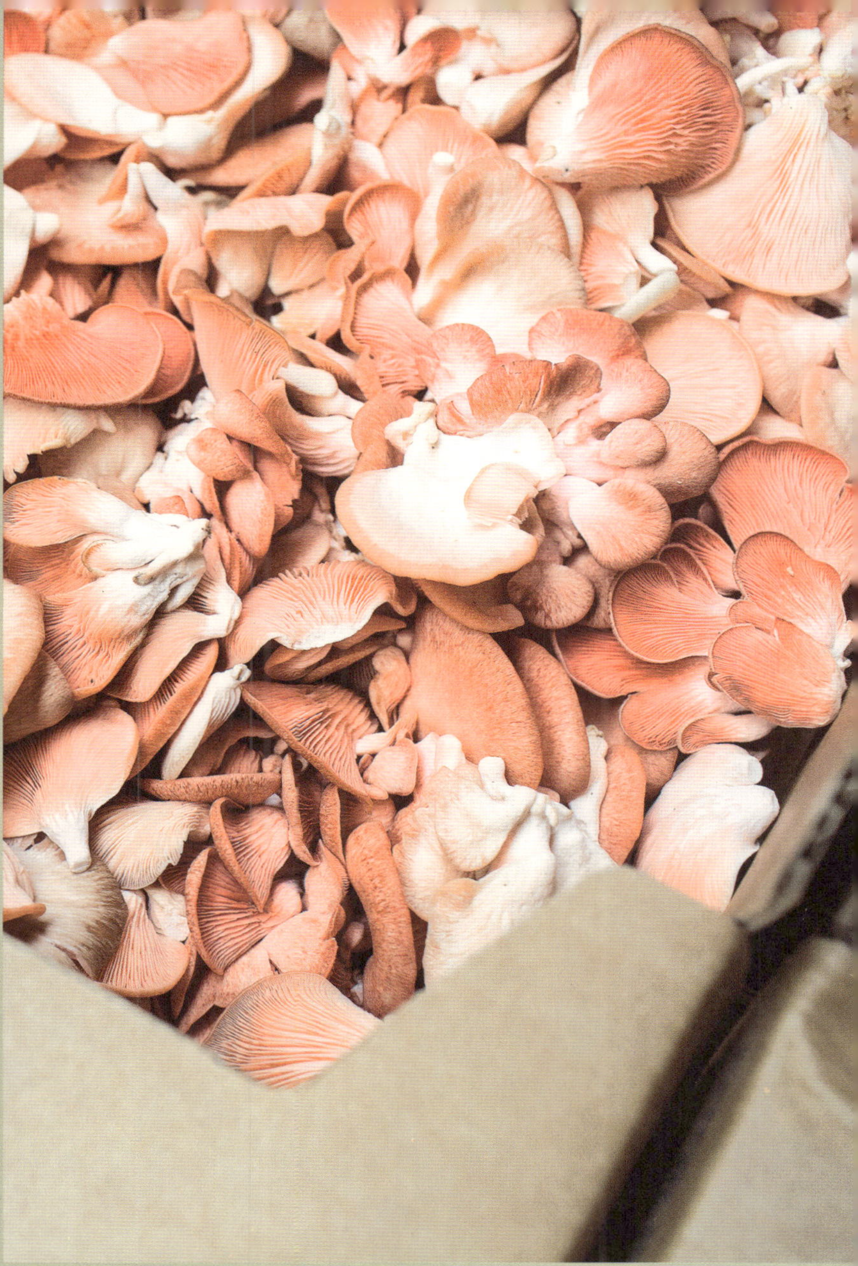

Praxistipp: Schnitt- und Pflücksalate

Man muss Babysalate nicht abgepackt im Supermarkt kaufen – Eigenanbau ist ein Kinderspiel, selbst wenn man nur einen sehr kleinen oder sogar überhaupt keinen Garten besitzt. Wie der Name schon sagt, spendet eine einzelne Pflanze über einen längeren Zeitraum zahlreiche erntereife Blätter. Diese werden abgeschnitten oder abgezupft, wenn sie einige Zentimeter Höhe erreicht haben, allerdings darf man den Vegetationskegel nicht verletzen. Salate, Rucola, Mangold, Rote Bete, Oriental Greens und einjährige Kräuter eignen sich für diese Art des Anbaus.

1. Einen breiten und flachen Behälter (Saatschale oder alten Seiher) mit Mehrzweckkompost füllen. Die Samen entsprechend der Anleitung auf der Packung ausstreuen.

2. Zusätzlichen Kompost darüber streuen und wässern.

3. Sobald die Blätter einige Zentimeter groß sind, abschneiden, dabei darauf achten, dass man nicht zu tief schneidet.

4. Dieses Blattgemüse sollte man nicht sofort essen, sondern zunächst für eine halbe Stunde in eine Schüssel mit kaltem Wasser legen. Dann abgießen und trocken schütteln. Bis zur Verwendung in einer Plastiktüte im Kühlschrank aufbewahren.

Feuchtgebiete

Ein schwimmender Obstgarten in einem Lastkahn oder ein vollständiges Ökosystem in einem heruntergekommenen Swimmingpool: Alles ist möglich. In diesem Kapitel stellen wir unglaubliche kleine Nutzgärten auf dem, am oder im Wasser vor, die ungeahnte Platzreservoirs für das Gärtnern erschließen. Nur mit viel Fantasie und einer gehörigen Portion Zielstrebigkeit kann man solche Flächen in ergiebige Gemüse- und Obstgärten verwandeln, aber der Einsatz lohnt sich.

on vous raconte des salades

Buchstabensalat

Die Installation der Inselgärten aus zeltähnlichen Gebilden, Erde und Salat im nordfranzösischen Amiens ist politisches Statement, architektonische Stilübung und Gewächshaus zugleich. Sie wurde für das jährliche Festival *Art, Villes et Paysage* (*Kunst, Stadt und Landschaft*) in Auftrag gegeben und von Architekten des Büros Atelier Altern gestaltet. »Wir nutzen zwei kleine, verlassene Inseln, um den Besuchern in Vergessenheit geratene Salatsorten nahezubringen«, erklärt Sylvain Morin, einer der am Projekt beteiligten Architekten. Die *hortillonages* sind eine Reihe kleiner Gemüsegärten, die durch Kanäle verbunden sind und sich über eine Fläche von gut 120 Hektar erstrecken. Man nimmt an, dass sie seit dem Mittelalter bewirtschaftet wurden.

Die Stelle, die das Atelier für seine Installation aussuchte, trägt einen Namen, der übersetzt »Salathafen« lautet. An der Uferböschung – gut sichtbar für die Besucher, die dieses ungewöhnliche Salatfeld vom Boot aus betrachten können – stellten die Architekten eine Inschrift mit den Worten »On vous raconte des salades« auf, wörtlich: »Man erzählt Ihnen Salate« und sinngemäß übersetzt: »Man bindet Ihnen einen Bären auf«.

In ihrer schräg-schönen Kreation wachsen althergebrachte, frei abblühende Salatsorten, die in Frankreich kaum noch angebaut werden, angesichts der Vorliebe der heutigen Landwirtschaft für jüngere, standardisierte F1-Hybriden. Die Architekten gaben ihr Bestes und nutzten diese Gelegenheit, um die Aufmerksamkeit auf einen interessanten Aspekt des Landbaus zu lenken, nämlich die schwindende Diversität.

Links: Das Ufer, auf dem die Installation steht, wird auch »Salathafen« genannt.

Rechts: Die ungewöhnliche Skulptur ist gleichzeitig ein funktionales Gebilde, das den Salat vor der Sonne schützt.

Gestaltung und Pflege

Nach dem Bau von elf unregelmäßigen, fünfeckigen Holzrahmen wurden einige davon straff mit Netzgewebe bespannt und direkt auf die nackte Erde gesetzt. Dem Jäten und Ausbringen von Kompost folgte das enge Bepflanzen mit Salaten, damit später ein dichter grüner Teppich aus reifen Pflanzen entstand.

Die *hortillonages* werden als »treibende Gärten« bezeichnet, aber tatsächlich bestehen sie aus Schlamm und Schlick, der seit Jahrhunderten aus den Kanälen gebaggert wurde. Dünger und Kompost liefern kleine Boote, und es ist schwierig, den Boden zu verbessern und aufnahmefähiger für Wasser zu machen. Die Kombination dieser Faktoren sorgt dafür, dass die Erde häufig austrocknet, sodass die Installation des Ateliers Altern regelmäßig gegossen werden muss, obwohl sie von Wasser umgeben ist.

Die kleinen Formunterschiede der Fünfeckrahmen geben den Aufbauten ihr gewundenes Aussehen. Das Netzgewebe ist so entscheidend für das Aussehen der ganzen Installation wie für den Schutz der Pflanzen. Salate vertragen direktes Sonnenlicht nur schlecht. In der Hitze schießen sie, blühen ab und bilden Samen aus; dabei werden die Blätter nicht saftig und mild, sondern meist bitter. Das Netzgewebe bedeckt nicht die ganze Installation, sondern ermöglicht reichliche Luftzirkulation, senkt so die Temperatur und spendet Schatten – trotz des gewöhnungsbedürftigen Aussehens ideal für den Anbau von Salat.

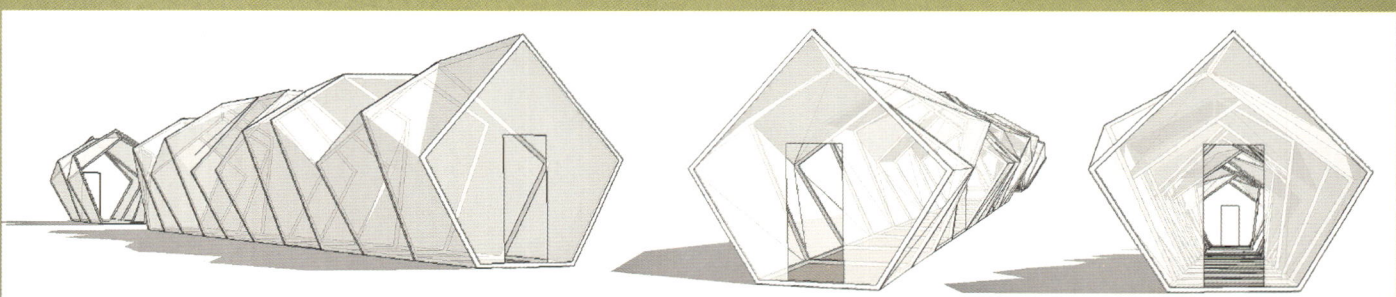

Oben: Angesät wurden alte Sorten, um die schwindende Diversität der Salatarten in Frankreich zu verdeutlichen.

Links: Lücken in der Bespannung sorgen für die Luftzirkulation.

Gegenüber oben: Die Salate wurden noch ganz jung eingepflanzt.

Gegenüber unten: So sahen die Entwürfe für die Salatinsel aus.

Schwimmender Obstgarten

Am Südufer der Themse, nahe der Tower Bridge, dümpelt ein außergewöhnlicher Garten auf dem Wasser. »Der Anstoß kam von einem hier festgemachten Themse-Leichter«, erzählt der Liegeplatzbesitzer Nick Lacey. »Im Laderaum befand sich Schlick, und darauf hatten sich Pflanzen angesiedelt. Es sah aus wie ein schwimmender Garten und faszinierte mich so sehr, dass ich etwas aus dieser Idee machen wollte.«

Das Ergebnis sind drei große Lastkähne, die in der Form eines großen »C« miteinander verbunden sind, und weitere »Gartenkähne«, die als Brücke zum Ufer fungieren, insgesamt sieben. Sie dienen als permanente Anlegestellen, an denen andere Wasserfahrzeuge festgemacht haben. »Jeder Kahn sollte seinen eigenen Charakter besitzen«, verdeutlicht Nick. Einer trägt stammlose mehrjährige Pflanzen und Gräser, ein anderer wirkt durch seine Buchsbaumhecke strenger in der Form, ein weiterer wirkt wie ein Meer aus gelben Rudbeckien.

Ein besonders faszinierender Anblick ist der Kahn mit den Obstbäumen, auf dem nicht nur große, gesund aussehende Mispeln, sondern auch Apfel-, Holzapfel- und Quittenbäume wachsen. Dazwischen bleibt noch Platz für Erdbeeren, Tomaten, Kräuter und sogar einige Bienenstöcke. »Der Tidenhub beträgt hier sieben Meter«, erläutert Nick, »wir bleiben also immer in Bewegung, besonders wenn uns Fähren passieren. Das schaukelt schon einmal heftig, aber die Bienen scheint dieses dauernde Auf und Ab nicht zu stören.« Das gilt auch für die gesunden Mispeln, die mit Früchten überladen sind und mit ihrem ungewöhnlichen Standort zufrieden zu sein scheinen.

Links: Nick begutachtet die Früchte an einem seiner Apfelbäume.

Rechts: Töpfe mit Kräutern stehen dicht an dicht auf den Kähnen.

Gestaltung und Pflege

»Die Mispeln haben sich erstaunlich gut entwickelt, obwohl die Erde nur einen Spatenstich tief ist«, stellt Nick fest. »Die Erde hierher zu bringen war eine Riesenaktion. Ein Schleppkahn lieferte 35 Tonnen davon ab.« Dieser Weg war naheliegend für die kleine Gemeinde aus bewohnten Kähnen und Hausbooten, die dem Wasser näher ist als dem Festland. Der Abfall wird von einem Lastkahn abgeholt, und als auf einem der festgemachten Hausboote ein Baby geboren wurde, kam die Hebamme mit einem Schiff der Seerettung.

Die tiefen Laderäume der offenen Kähne wurden überdacht und als Wohnräume ausgebaut. Deren Dächer erhielten dann eine Decke aus Erde und Bepflanzung. Das Erfolgsgeheimnis für das üppige Wachstum trotz der dünnen Lage Muttererde liegt in einem ausgeklügelten Tröpfchen-Bewässerungssystem. »Für Londoner Verhältnisse gibt es hier viel Sonne, aber auch sehr viel Wind«, betont Nick. Pflanzen neigen also zum schnellen Austrocknen. Das viele Wasser in der Umgebung mildert aber die Temperaturschwankungen in den Gärten, wie auch das zarte exotische Geranienbäumchen (*Geranium Maderense*) beweist, das sich auf einem der Kähne wild angesiedelt hat. »Durch die Kraft der Gezeiten und die milden Temperaturen haben wir hier ein gefühltes Meeresklima. Obwohl wir mitten in London sind, herrscht hier die See.«

Essen aus dem Pool

Einen Tag, nachdem Dennis und Danielle McClung ihr neues Haus gekauft hatten, begann Dennis damit, das alte und heruntergekommene Schwimmbecken in ein Gewächshaus umzugestalten. »Ich hatte mir vorgenommen, mein Leben zu ändern und so autark wie möglich zu werden, und der Pool war eine Voraussetzung dafür. Ich hatte mir ein Papiermodell angefertigt, das mir als Vorlage diente. Am ersten Tag baute ich einen Rahmen, der mit UV-beständiger Folie abgedeckt wurde.« In dieses Keller-Gewächshaus stellte er Pflanzkübel, aber im heißen Sommer von Arizona musste er fünf- bis sechsmal täglich gießen.

Nach einigem Herumexperimentieren fand er die Lösung in einer Kombination aus Hydrokultur (also dem Anbau von Pflanzen in nährstoffreichem Wasser) und Aquaponik (Speisefischzucht). Auf einer Fläche von 5 × 10 Metern richtete Dennis einen geschlossenen Kreislauf ein, in den kaum von außen eingegriffen werden muss und der doch einen Großteil der Nahrungsmittel für seine Familie liefert. Der auf fünf Jahre bemessene Zeitplan wurde sogar übertroffen: »Der Garten im Bassin macht uns so unabhängig, wie wir es uns innerhalb einer Stadt niemals vorstellen konnten.«

Auch andere wurden bereits auf das Modell aufmerksam. »Wir zeigten den Pool-Garten Freunden und Verwandten, und bald darauf deren Freunden und den Freunden der Freunde. Mittlerweile mache ich organisierte Führungen – auch nach fünf Jahren noch. Der Garten im Schwimmbecken hat mir und unserer Familie schon unheimlich viel gegeben.«

Links: Chilischoten wachsen im Becken.

Rechts: Dennis und Danielle beziehen ein breites Nahrungsangebot aus dem ehemaligen Schwimmbecken.

Gestaltung und Pflege

Ein entscheidender Erfolgsfaktor ist der Teich, der im Tiefwasserbereich des Pools entstanden ist. Hier züchtet Dennis Tilapias, afrikanische Buntbarsche, als Speisefische. Auf einem Rost über dem Teich nisten nachts Hühner, deren nährstoffreicher Mist ins Wasser fällt, das wiederum durch Schläuche und Tröpfchenbewässerung den Pflanzen zugeführt wird. »Das Wasser wird zu 90 Prozent wiederverwendet. In unserem Wüstenklima ist das entscheidend.« Eine mit Solarstrom betriebene Pumpe saugt das Wasser an und verteilt es an Obst- und Gemüsepflanzen, danach sickert es durch die Schwerkraft wieder in den Fischteich zurück.

»Der Pool-Garten ist eine künstliche Lebenswelt, in der wir das ganze Jahr über reichlich Nahrung erzeugen, auch unter Wüstenbedingungen. Ich kämpfe nicht gegen das Klima an, auch nicht gegen Unkraut, Vögel oder Insekten. Das Gärtnern wird dadurch viel einfacher.«

Dennis zieht Spargel, Minze, Pak Choi, Oregano, Petersilie, Kohl und viele andere Gemüsesorten. Pflegeleicht sind Basilikum, Salat, Tomaten und Schnittmangold. »Nur an Trockenheit gewöhnte Wüstenpflanzen wachsen hier drin nicht«, schmunzelt er, aber für die gibt es außerhalb des Beckens Platz genug.

»Der Garten im Schwimmbecken benötigt kaum Pflege. Die Hühner können täglich aus dem Nistbereich heraus und herein. Wir überwachen den Wasserzufluss in allen Bereichen und stellen sicher, dass es keine Verstopfungen gibt. Wir säen an und kümmern uns um die Sämlinge. Mit so wenig Arbeit erzielen wir außerordentliche Resultate, wirklich umwerfend.«

Links: Pflanzen, die es kühl mögen, wie Blattsalate, wachsen hier ausgezeichnet.

Oben: In Rinnen kommt das Wasser vom Teich zu allen Pflanzen.

Links: Das nährstoffreiche Wasser des Fischteichs wird durch das ganze Bewässerungssystem gepumpt.

Praxistipp: Gießen und Bewässern

Das Gelingen jeder Topfkultur steht und fällt mit der richtigen Bewässerung der Pflanzen. Alles, was in Töpfen oder Pflanzkübeln wächst, benötigt viel Wasser. Vom Regen bekommen Pflanzen nur das ab, was direkt auf sie fällt, und die meisten Tropfen prallen an den Blättern ab. Selbst in feuchten Jahreszeiten lohnt sich daher ein Bewässerungssystem. Es sollte jedoch möglichst simpel sein, vor allem wenn Sie viele Topfkulturen besitzen, weil Sie es über einen längeren Zeitraum sonst kaum wirkungsvoll aufrechterhalten können.

1. Eine Tröpfchenbewässerung ist etwas knifflig, aber wenn sie einmal installiert ist, bekommt jede Pflanze Wasser, sobald Sie den Hahn aufdrehen. Zahlreiche kleinere Verteilerrohre sind mit einer Hauptleitung verbunden, die am Wasserhahn hängt. Die dünnen Rohre werden von Topf zu Topf geführt und mit Endtropfern versehen, aus denen das Wasser mit niedrigem Druck herausrinnt.

2. Nutzen Sie Regenwasser, um Ihre Pflanzen zu gießen, zum Beispiel aus einer Wassertonne, die über das Fallrohr der Regenrinne gespeist wird. Es gibt sie in allen Formen und Größen. Meine ist zwar aus Kunststoff, sieht aber wie ein großes Terrakotta-Gefäß aus. Auf diese Weise spart man sich die aufwendige Verlegung von Wasseranschlüssen.

3. Tomaten sind durstig. Ein einfaches Bewässerungssystem besteht aus einer PET-Flasche mit abgeschnittenem Boden, die man mit dem Hals nach unten in die Erde neben die Pflanze steckt und dann mit Wasser füllt. Der Flaschenhals begrenzt den Durchfluss, noch besser ist allerdings eine Sporttrinkflasche mit geöffnetem Push-Pull-Verschluss, durch den Wasser langsam versickern kann.

4. Sollten die Pflanzen doch einmal auszutrocknen drohen, sollte man sie nicht ertränken. Nachhaltiges Wässern ist viel sinnvoller, zum Beispiel mithilfe von Eiswürfeln. Während sie abschmelzen, sickert das Wasser in die Erde. Vor allem für Hängekörbe eine nützliche Methode.

Nützliche Adressen

Die Blogs und Firmen der hier vorgestellten Mikrogärtner und mehr

Nell Nile
Kreide- und Pastellzeichnungen, Keramiken:
www.nellnile.co.uk

Dachschrebergärten
Joel Bird baut verwunschene Gartenhäuschen und Studios: www. joelbird.com/theshedbuilder

Dachgarten in London
Wendy Shillam bloggt über ihren Londoner Dachgarten:
www.rooftopvegplot.com

Spargarten
Penny Golightlys Blog über Kleinstgärten mit geringem Budget: www.golightlygardens.com

Begrünte Fahrradständer
www.frontyardcompany.co.uk/products/plantlock.html

Büchereigarten
Preisgekrönter Gemeinschaftsgarten aus Islington.

Veranstaltungen und Informationen unter www.khwgarden.org.uk
Auch ein Besuch bei www.abundancelondon.com lohnt sich, der Organisation, die Obst vor dem Verrotten bewahrt und verteilt

Strahlengarten
Gillian Carsons Blog über ihren Garten in Portland, Oregon: mytinyplot.com

Kleine Gärtner
Eine Gartengruppe für Vorschulkinder, City Farm, Bristol: www.windmillhillcityfarm.org.uk, unter der Schirmherrschaft von Incredible Edible Bristol: ediblebristol.org.uk

Ausdauernde Polykultur
Anni Kelseys Blog über kleine ausdauernde Gemüsepflanzen: annisveggies.wordpress.com

Send a Cow
Organisation für die Verbreitung von Anbaumethoden im kleinen Maßstab (gemeinschaftliche »Schlüsselloch-Gärten« in Afrika). Anleitungen zum Nachmachen auf der Webseite www.sendacow.org.uk

Garten in der Schubkarre
Gärtnerei in Somerset, die auf ungewöhnliche Gemüsesorten spezialisiert ist: www.pennardplants.com

Landwirt auf der Ladefläche
Das Ernährungs- und Filmprojekt aus New York bietet Fortbildungen in Schulen an. www.truckfarm.org gibt jede Menge Anregungen, wie man seine eigene Landwirtschaft auf der Ladefläche anlegen kann.
Zur Saatbörse Seed Savers: www.seedsavers.org

Garten auf dem Parkplatz
Blog und Webseite des UFU-
Designers Damien Chivialle:
20footurbanfarm.blogspot.com

Teegarten
Blog und Webseite von Mark Diacono,
Autor von Ernährungs- und Gartenbü-
chern und Fotograf dieses Buchs. Sein
Hofladen Otter Farm verkauft Saaten
und Pflanzen: www.otterfarm. co.uk

Kleine grüne Daumen
Dawn Isaac bloggt über das
Gärtnern mit Kindern auf www.
littlegreenfingers.typepad.com

**»Belmond Le Manoir
aux Quat'Saisons«**
Gemüse- und Kräutergärten, in denen
ausschließlich für den eigenen Bedarf
des Restaurants mit zwei Michelin-
Sternen angebaut wird, für Besucher
offen: www.belmond.com/le-manoir-
aux-quat-saisons-oxfordshire/

Far West Fungi
Pilzfarmen im Miniaturformat:
www.farwestfungi.com

Atelier Altern
Französische Landschaftsarchitekten:
www.atelieraltern.com

Schwimmender Obstgarten
Tage der offenen Tür unter
www.towerbridgemoorings.co.uk

Essen aus dem Pool
Gemeinnützige Organisation und
Gruppe, die ehemalige Swimming-
pools einer neuen Nutzung zuführt:
gardenpool.org

**Internetadressen für den
deutschsprachigen Raum**
Webseiten mit weiterführenden
Webadressen und Tipps
zum Thema Urban Gardening:

www.was-wir-essen.de/
hobbygaertner/rund_um_den_
garten_gaertnern_in_der_stadt.php

stadtmachtsatt.de

www.stadt-gemuese.de

speiseraeume.de

anstiftung.de/urbane-gaerten/
gaerten-im-ueberblick

Urban Gardening wird ein Schwer-
punktthema auf der IGA 2017 in Berlin
sein: www.iga-berlin-2017.de/
programmatik/urban-gaertnern

Auch in Österreich und der Schweiz
gibt es mehrere Projekte, die sich
dem Thema widmen, meist in Form
lokaler Initiativen.

Dank

Ich danke allen bei Pavilion, die dieses Buch vom Konzept bis zur Vollendung begleitet haben, besonders Fiona Holman und Nicola Newman. Dank auch an Hilary Mandleberg für ihr scharfes Lektorenauge und an Laura Russell und Bet Ayer für die Gestaltung dieses schönen und klar aufgebauten Buches.

Mark Diaconos Bilder machen wie immer Freude, und ich möchte ihm auch für seine meisterhaften Zeitplanungen und Ablaufschemata danken, und auch für seine vielen Stunden hinter dem Steuer – ohne diese Fahrten hätten wir niemals die vielen Gärten in diesem Buch besuchen können. Die größte Dankesschuld gilt allerdings den Gärtnern, die uns bereitwillig ihre Zeit geopfert und ihre Ideen für Minigärten mit uns geteilt haben. Das schließt auch die vielen Gartenbesitzer ein, die uns ihre Mithilfe angeboten haben, deren Gärten wir aus Platz- und Zeitgründen aber nicht hier aufnehmen konnten. Ich bin überaus dankbar für ihre Angebote, ebenso jenen, die zur Freude zukünftiger Minigärtner ihre Erfahrungen und Beziehungen mit uns geteilt haben. Twitter- und Facebook-Nutzer sind auf eine fantastische Weise hilfsbereit.

Zu guter Letzt meine Liebe und meinen Dank für Michael, Rowan und Meg, die mich während der kostbaren Sommerferien für den Besuch all dieser Gärten und das Schreiben dieses Buchs entbehren mussten.

Lia Leendertz